JN084222

生涯学習支援の基礎理論と実践の展開

望月厚志

小川哲哉

佐藤　環

佐々木尚毅

角田伸彦

渡辺典子　著

青簡舎

は　じ　め　に

　この本は、「生涯学習（教育）」について初めて学習する人々のために著された「生涯学習（教育）の入門書」、「テキスト」＆「資料集」である。

　確かに、「生涯学習（教育）」の概論書やテキストは、これまでも数多く出版されてきている。しかしながら、それらの中に、「生涯学習（教育）」の基礎的な理論が明確に解りやすく示されているものやその「鮮度」を長く保っているものを見出すことは、なかなか難しい。そのため、「生涯学習（教育）」を考える上での基礎的な知識や考え方を明確に示し、長く参考にできる「基礎的な理論書」をまとめる必要があるのではないかとの認識で執筆者一同一致した。無論、教育実践との関係も考慮するという点でも一致した。

　この本の特徴の一つは、今回の執筆者にある。これまでの概論書等は、生涯学習（教育）並びに社会教育の専門家たちによって数多く著されてきている。それは当然なことではあり、必要なことではあるとは考えているが、もっと広い視野から「生涯学習（教育）」の基礎的な理論と実践について描いてみる必要があるのではないかということも常々考えていた。

　それで、今回は、生涯学習の専門家の参加はもちろんのこと、より広い「教育学」の視野から「生涯学習（教育）」に関心を持ち、その理論や教育実践を充分に理解している方々と一緒に著すことを試みた。教育哲学・教育史・教育社会学・ジェンダー・キャリア教育の専門的な研究を行いながら、大学教育のみならず高校・企業・社会体育・医療などの様々な分野で「生涯学習（教育）」の教育実践を自ら進めてきている方々でもある。

　今回の出版に関して、小川哲哉先生並びに株式会社青簡舎代表の大貫祥子氏に大変お世話になった。心よりお礼申し上げる次第である。

2020年（令和2年）10月　　　　　執筆者を代表して　望月厚志

目　　次

はじめに

第 1 部

生涯学習の基礎理論

第1章　生涯学習（教育）の理念

1　世界の「学び」の基本

（1）マルゲさんの「学び」

　キマニ・ンガンガ・マルゲ（Kimani Ng'ang'a Maruge、1920年頃-2009年8月14日）さんをご存じだろうか。ケニアで84才で小学校に入学した方で、「ギネスブック」は「世界最高齢の小学校入学」として認定した（2004年）。映画『おじいさんと草原の小学校』（クロックワークス、2010年）として実話をもとにその様子が描かれている。このマルゲさんの人生から世界の「学び」の基本について考えることから始めよう。

　小学校に入学の当初、マルゲさんは、「大学を出て獣医師になることが夢」と語っていた。しかし、家が貧しかったり、イギリスからの独立運動に参加したために教育は受けておらず、字の読み書きも全くできない状態であった。折しも、2003年にケニアの新政府が国民の小学校教育の無料化を実施したことを契機として、マルゲさんは小学校への入学を希望し、彼の「学び」が始まったのである（望月洋嗣、2004年）。

（2）マルゲさんの「学び」を考える

　このマルゲさんの「小学校入学」をどのように考えるべきなのか？　これには「二つの考え方」が成立する。その一つは、「否定的な考え方」である。先の映画の中で、アルフレッド先生（男性）がいうように、「こんな年寄りなど……」、「帰れ　長生きして疲れたろ。安らかに休め」、つまり、高齢者が今更「学ぶ」意味などはないという考え方である。これに対して、マルゲさんは、「安らかに？　まだ死んでいない」と答える。この考え方は、経済

3

効率を考えれば、あと何年生きられるかわからない人間に公的な資金を投入することは無駄であり、それよりも今後長く社会活動をしてくれる可能性の高い若い人々に投資した方が社会的な意味や重要度が高いという考え方に最終的に行き着くのである。

その一方で、「肯定的な考え方」を示すことができる。映画の中で、マルゲさんを受け入れたジェーン先生（女性校長）の考え方である。「あきらめないのね　マルゲ」と言って、教育委員会や保護者が何というおうと、校長として決断してマルゲさんを受け入れるとした。映画の中では、その理由を言葉で明確には述べていない。しかし、度重なるマルゲさんの熱心な入学や学習に対する懇願と学習への動機・意欲に負けたものと推測される。

では、ここから世界の「学び」について考えるとどうなるであろうか。今現在の「学び」についての「世界の標準」はどうなっているのかと世界中を見回すと、明らかに、ジェーン先生のような「肯定的な考え方」が標準となっていることがわかる。将来のある年若い人々だけでなく、高齢者だって「学ぶ」必要性があり、さらに、「学んでいいんだ。」という考え方である。そして、これを一言で表した言葉、すなわち、他ならない概念が『生涯学習（教育）』である。

(3) 世界の「学び」の標準としての『生涯学習（教育）』
『生涯学習（教育）』という考え方は、今や、日本を含めた世界の教育政策の基本となっている。現在の日本では、教育に対する根本の考え方を明示した「教育基本法」に規定・明示されている。

次の文章は、現在の「教育基本法」第3条「生涯学習の理念」として定められているものである。（2006年〈平成18年〉12月15日、新しい教育基本法が、第165回臨時国会において成立し、12月22日に公布・施行された。）

『教育基本法』

（生涯学習の理念）

　第3条　国民一人一人が、自己の人格を磨き、豊かな人生を送ることができるよう、その生涯にわたって、あらゆる機会に、あらゆる場所において学習することができ、その成果を適切に生かすことのできる社会の実現が図られなければならない。

　この条文に関して、文部科学省では、「科学技術が目覚ましく進歩するとともに社会構造が大きく変化し、社会が複雑化する中で、年齢や性別を問わず、一人一人が社会の様々な分野で生き生きと活躍していくためには、学校教育や社会教育を通じて職業生活や実際生活に必要な新たな知識・技能を身に付けたり、あるいは社会参加に必要な学習を行うなど、生涯にわたって学習に取り組むことが不可欠となっている。また、高齢化が進展し、自由時間が大きく増加する中で、より豊かな人生を送るためにも、このような生涯学習社会の実現が非常に重要となっている。同時に、生涯学習社会においては、単に学習する機会が提供されることだけでなく、その学習の成果が社会において評価され、適切に生かすことができることが重要である。本条は、教育における重要な基本理念の一つとして、このような『生涯学習の理念』を掲げるものである。」（教育基本法研究会、2014年）と、「社会変化への適応」と「生きがい・社会づくり」のための基本原理としてわが国の教育政策の基本方針の一つとされているのである。この「新しい教育原理」は、今や、わが国のみならず、世界各国での教育政策の基本―すなわち、「グローバルスタンダード」ともなっているのである。

（4）マルゲさんのその後

　マルゲさんは、2005年には優秀な生徒として首席に選ばれたり、2005年9月には、アメリカのニューヨークでの行われた「国連ミレニアム・サミッ

ト」で初等教育無料化の重要性を訴えたりした。しかし、その後、誠に残念ながら、「学び」の途中で、2009年に小学校の卒業を前にして病気で亡くなられた。「獣医になる夢」は果たせなかったが、スワヒリ語（ケニアの公用語）で『聖書』を読めるようになったといわれている。マルゲさんの死に関する情報は、インターネットで世界中を駆け巡った。

「学校で学ぶ喜びを知らない世界の老人たちは、ぜひ自分に続いてほしい」、「私にとって自由とは、学校に行き学ぶこと。もっともっと学びたい」、「土に埋められるまで、学ぶさ……」と述べていたと伝えられている。

2　生涯学習（教育）論の登場とその社会的背景

（1）生涯学習（教育）論の登場

現在の日本で、「教育基本法」に規定・明示されている「生涯学習の理念」に通ずる「生涯学習（教育）」の考え方は、いつ、どのように、どのような理由で世界に登場してきたのであろうか。

現代の世界の教育政策のもととなった「生涯学習（教育）論」は、1965年、ユネスコでの成人教育に関する国際会議で登場した。その時のユネスコの責任者は、ポール・ラングラン（Paul Lengrand、1910年-2003年）であった。

ポール・ラングランは、この会議に「ワーキング・ペーパー」（覚書・議案書・提案書）を提出し、その中で「生涯教育」を提案した（当時は「教育」）。これが世界で最初の「生涯学習（教育）論」の登場である。ポール・ラングランは、「生涯教育」は人間として「生」れてから「死」に至るまで「学ぶ」ことであると主張した。また、それは、人間として「生きること」や「生き方」の問題であるとも説明している。そして、その後、ポール・ラングランは、『生涯教育入門』（1970年）を著し、自分の考え方―「生涯教育」―を全世界に示した。

（『生涯教育入門』邦訳1971年より）

ポール・ラングラン（Paul Lengrand、1910年-2003年）は、フランスの教育思想家。ユネスコの成人教育長を勤め、生涯学習の考え方の原点を示す「ワーキングペーパー」を提出した人物である。

（生涯）

1910年、フランス北部のパ＝ド＝カレー県に生まれる。幼少期に第1次世界大戦を経験している。

1930年、パリのソルボンヌ大学を卒業、同時に教授職を獲得し、パリ、シャンペリー、グレノーブルで教師を務める。

28歳のとき第2次世界大戦が勃発、以後レジスタンス運動に関与するが、ラングラン自身は社会を改革する手段を政治よりも教育として考えていた。そして寝食をともにした成人達との経験から、義務教育以後の教育の必要性を実感するようになり、生涯教育の考え方の原型を構築するに至る。第2次世界大戦後は労働者教育センター設立と経営の仕事に加わる。

1948年にユネスコに加わる。ユーゴスラビアの教育改革に携わった上司の影響を受け、1965年のワーキングペーパー（後述）提出に影響を受けたといわれている。また、1972年、ラングランはユネスコを退職し、成人教育運動団体「民衆と文化（Peuple et Culture）」の会長を務める。この頃に『生涯教育入門（第1部・第2部）』（1970年）、『未来の学習』（1973年）を発表、生涯教育（生涯学習）の理念を提唱した人物として世界中に認知されるようになった。（「Wikipedia」より）

（2）ポール・ラングランの「ワーキング・ペーパー」の内容

　ポール・ラングランがユネスコの会議に提出した「ワーキング・ペーパー」の内容はどんなものであったのであろうか。次に、それについてみてみたい。

　「ワーキング・ペーパー」の冒頭は、「教育は、児童期・青年期で停止するものではない。それは、人間が生きているかぎり続けられるべきものである。教育は、こういうやり方によって、個人ならびに社会の永続的な要求にこたえなければならないのである。以上のような考え方がだんだんと着実に人々の心に浸透してくるようになった。そうして「生涯教育（永続教育）」という新しい用語で、教育専門家たちの術語としてとり入れられるようになった。」（日本ユネスコ協会、1967年）と記述されている。まず、「①人間は一生涯『学

7

ぶ』ことが必要である。」、続いて、「②生涯教育は、『制度化』された教育ではない。つまり、現在のところ、まだアイディア・原則である。しかし、今後これを実施すると『教育』に本質的変化をもたらすものである。③生涯教育は、原理として発達の総合的統一性を強調する。④諸部門のあいだの『調和』の試みである。⑤現代の学校は、記憶力がたいへん重んじられている。生涯教育の目標は、生活と教育を密着させるところにあるから、『地域社会学校』が必要となる。」などと主張をしている。これらをまとめると次のように表すことができる。(注：提案当時は「生涯教育」、現在の日本では、「生涯学習」と呼ばれている。そのために、本稿等では、「生涯教育」又は「生涯学習（教育）」と記述している。)。

ポール・ラングランの主張のまとめ

①人間は一生涯「学ぶ」ことが必要である。

②現在の教育を根本から改めたい。

③人間としての発達と教育との調和
　　　―「垂直的統合の原理」

④様々な教育機関の協力体制の確立
　　　―「水平的統合の原理」

⑤小学校から大学まで、学校はすべて「地域社会学校化」（コミュニティ・スクール化）する。
　　　―地域住民の「学びの場所」

(3)「生涯教育の二大原理」―「垂直的統合の原理」と「水平的統合の原理」

　ここで、特にわかりにくいといわれる「③垂直的統合の原理」と「④水平的統合の原理」について詳しくみてみたい。これは、「生涯教育の二大原理」といわれるものである。

　A. J. クロプリィ（Cropley）は、「垂直的統合とは、（これまでのように）七歳

から二十五歳までに集中して教育が行われるのでなく、一人ひとりがその全生涯にわたって組織的、目的的な学習がなされるよう配想されなくてはならない。彼らは、その学習を通じ、幼少年期の教育的欠乏を補い、新しい技術を獲得し、職業的に高く位置づけられ、世界への理解も深まり、人格的にも高まることができるということである。」と、人が生涯を通じて教育が受けられるようにするということと説明している。

　次に、「水平的統合」とは、「かつて生活は教育の源泉であった。日常生活の中の人々との接触から処世術を、巧みな職人から職業技術を習い覚えるということであった。それが仕事や社会生活が複雑化して教育の専門家や専門機関が生まれた。そしてこの専門の教育機関で習い覚えたことが使えなくなっていった（生活から遊離していたので）。そして、むしろ人々は工場や商店、組合、教会、地域団体、政党など、とにかく学校以外の生活場面に教師を見出すようになった。学校以外の教育機関としては、博物館、動物園、美術館、コミュニティセンター等も地域に存在する。教育を生活に結びつけなければならない。」と述べ、生活のあらゆる場で教育を受けられるようにするということを意味していると説明している。

　それでは、「垂直的統合」と「水平的統合」の糸が縦、横に織りなすものは何か。それを彼は網にたとえている。「学校が教育の唯一の部分になるのでなく、教育の網の目組織の一員でなくてはならない」、「学校ばかりでなく学校以外のあらゆる教育機関が、この網の目組織を構成する一員として他の機関と統合（機関の統合）してこそ、人々が、いつでも、どこでも、自らが望む手段・方法で学習できるということになるのである。生涯学習社会とは、このような網の目が、人々の生活する地域に張り巡らされ、人々がいつでも、どこでも学習できるような体制になっている社会である（生涯学習社会の要件の一つであるが）」（吉川弘、1997年）と「教育の時系列的・重層的なネットワーク化」を主張しているのである。これらに関して、図にして、この「教育の時系列的・重層的なネットワーク化」について表したものが次の図 1-1 で

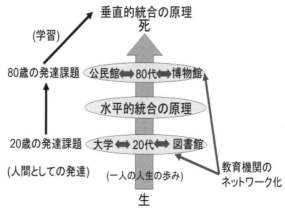

図1-1 「垂直的統合」と「水平的統合」の関係

ある。

（4）ポール・ラングランの「生涯教育」とはなにか

　ラングランの提唱した「生涯教育」という考え方の中心的な部分を簡単に要約すれば、教育というものが、学校教育の中だけに留まっていては駄目であり、学校を卒業した後でも、人々が自由に、どこにいても、生涯のどの時点ででも、受けられるような形になっていることが必要であるということである。学校教育と社会教育の双方を含んだ公的な教育制度の全体を「現代的」に改変しようとする原理、いわば公教育の新しい組織原理として提起されている点が重要である。

　「生涯教育論」が生まれた歴史・社会的要因をみてみると、まず、次の三点を指摘することができる。

　第一に、学校教育の問題がある。フランスの学校制度は、一九世紀に出来上がった複線型の跡を残し、極めて複雑で、加えて、古典中心の一般教養科目を重視する伝統があり、学校制度をより新しい形にすることが大きな課題となっていた、つまり、「生涯教育論＝学校教育改革論」。第二に、経済との

関連。現代の技術革新に対応した質の高い労働力の陶冶という経済からの要請、つまり、「生涯教育論＝職業訓練・成人教育制度論」。第三に、生涯教育論が社会政策によってもたらされる人間疎外に対する批判の原理・運動として、提起されたという点、つまり、「生涯教育論＝社会運動論ということに集約できる。すなわち、「生涯教育論」とは、「学校教育改革論」・「職業訓練・成人教育制度論」・「社会運動論」として世界に登場してきたということになる。

（5）生涯学習（教育）論登場の社会的な背景

　さらに、生涯教育論が1965年の成人教育推進国際会議を契機として、社会で論議され、そして受容されたのか。それについて、辻功は次のように説明している。

　①新しい社会生活、職業生活、家庭生活への適応能力や創造的能力の育成という社会的要請および個人的必要。―1960年以前から技術革新により社会構造は急激に変化している。生産・流通・消費の経済機構・過程・機能の革命的変化だけでなく、その影響を受けて日常生活様式は一変し、家庭生活も、就労形態も大きく変わった。特に女性の職場への進出も促進された。しかもそれらの変化は加速しながら現在も続いている。

　②生きがい欲求・自己実現欲求の高まり。―戦後の血眼になって衣食住を探し求める生活から脱却して人々の生活にゆとりが生まれ、また機械・器具の導入により家事労働を含めた労働時間の短縮が可能となった。医療技術等、の発達により平均寿命は大きく伸び、自由時間は増大し、人々はようやく精神の内面を充実し、自己実現を図りたいという欲求を強くもつようになった。

　③教育全体の根本的に改革可能な新しい教育原理の待望。――学校には1960年代からさまざまな教育問題が生起している。学力不振者の急増、登校拒否児の出現、非行の増加、受験競争の激化、中途退学者の増大、学校格差の広がり、学歴偏重、等々さまざまな問題が派生した。また、家庭教育、社

会教育でも多くの歪みが生じていた。

　こうした中で、従来の教育原理に代わる新しい教育原理が求められたのである、このように、全体社会や国からの要請、企業からの要求、個人レベルからの要求や必要性、その他、様々な求めや必要性に応えることのできる新しい「教育の原理、教育理論、原則、考え方、教育哲学」として、「生涯学習（教育）」は、全世界の各界・各層から支持され、受容されていったのである（日本生涯教育学会、1990年）。

3　ポール・ラングランの『生涯教育入門』の内容

（1）ラングランの基本視点「変化する社会」と人間　―社会の激しい変化―
　ラングランの生涯教育論の特徴は、人間を常にさまざまの挑戦を受けているものとし、これとの関連で教育の課題を明らかにしようとしたことにある。
　老いや病気、大切な人の死、またさまざまな人との邂逅（注：「かいこう」―偶然の出あい。めぐりあい）、恋愛、結婚などをはじめ、戦争や革命、そして子どもの誕生など、人間が人生のなかで遭遇するあらゆる出来事、体験はすべて人間にとっての挑戦であり、人間はそうした挑戦に打ち勝っていくべく運命づけられている。しかし、社会を激しい変化が見舞った今日、その挑戦は姿を変えてきており、現代人は「新しい挑戦」を受けることになった。
　その最も重要な要素として、(1)人間をとり・まく世界の加速度的な変化、(2)人口の増加、(3)科学技術の急速な進歩、(4)政治の領域での挑戦、(5)情報、(6)余暇の増大、(7)生活様式と人間関係における危機、(8)肉体、(9)イデオロギーの危機、を指摘している。以上のような「変化」を根拠としながら、ラングランは「新しい社会」の到来と、それを支える主体（人間）を創るべき「新しい教育」の必要とを提起した。要約すると、各人間の「社会適応のための教育」が「生涯教育」であるとの提案であったといえよう。
　例えば、「(3)科学技術の急速な進歩」については、「科学の進歩と技術革新

が、人間性全体に対して少しずつ影響を与えてきている。われわれは、技術の領域で起きている急速な変化にしばしば目を向けてきた。技術者の訓練に関し、専門家のグループが、一九六五年ユネスコ本部に会合し問題点を審議した。彼らは、つい一〇年あるいは二〇年前は科学の進歩の最尖端にあった発見やプロセスが、多くの場合すでに陳腐なものになってしまっていることに気づいた。この会議の専門家連は、もし教育の目的が、技術者が明日の技術対して自分自身を適応させることができるように訓練することであれば、生徒に対しては学ぶことを教えることに努力を集中しなければならないという結論に達した。というのは、技術者は生涯学習しなければならないからである。」と、科学技術の更新ための学習の必要性を示している。

「⑺生活様式と人間関係における危機」では、「ある父親は、自分の成長を支配してきたパターンにより、自分の行為をモデルとして自分の息子や娘におしつけようとするが、このような父親は、悲しいことに誤りをおかす危険がある。彼のいうことにはもはや誰も耳を傾けなくなるだろう。一、二世代前の女性のイメージと、われわれの時代の女性のイメージとは、非常に鋭く相違している。ここに教育がとりあげるべきもの―人間関係、情緒、系図、パートナーシップ、父や母としてのあり方―の全ての範囲があり、そして教育は、このような新しい文脈の中で適切な場所を見出さなければならない。」と述べて、新しい生活様式・環境への適応が教育課題となるとしている。

さらに、上記の内容について述べているポール・ラングランが著した『生涯教育入門』での主張をまとめてみると、①地域住民と学校との協力体制の確立、②地域住民の学校での指導への参加―「ゲスト・ティチャー」、警察官、助産師、看護師、学芸員など様々な職業人の指導・支援、③「学校の役割」とは「学ぶことを学ばせる」ことにある。すなわち、「教育＝知識の伝達ではない」、④「市民教育」＝「民主主義」社会の担い手の育成―より優れた民主主義の担い手としての「パーソナリティ形成」などとなる。

また、教育者の任務に関して、「教育がそれに付された伝統的な限界、と

13

くに授業の伝統的な限界をはるかに超えているという考え方を承認するなら
ば、与えられた時にそして与えられた情況のもとで指導と訓練に責任をもつ
人なら誰でも教育者であるということを受けいれなければならない。教師が
これに該当するのはいうまでもないが、医者や牧師や職工長や技師や農業指
導者や、政治団体、労働組合、協同組合の幹部などもそうである。優先権を
もつ教育者であり、より長く教育者になるものは、両親である。またわれわ
れは、このような任務をもっている人々の中に、彼らがいつもそうと自覚し
ているとは限らないが、ラジオや新聞やテレビや映画などを通して精神や心
情や趣味の形成に強力な貢献をしているマス・メディアの管理者たちやアニ
マトゥールたちも含めなければならない。」、「この共同の事業の枠組の中で
は、こうした教育行動の成分をなす人々すべて—職業的教師その他の人々—
が、絶えずコミュニケーションを保ちたがいに協議し助言しあって、自分の
経験や自分の特別の持ちより財産を豊かにすることは、最も望ましいことで
ある。生涯教育の諸構造が漸次真に力強く実現されるのは、このような条件
のもとでなのだ。」と述べて、学校教員の意識改革の必要性と地域住民との
協力体制の確立を説いている。

　その学校教育については、「教育の個人化—教育がもし意味をもつとすれ
ば、それは一人一人の個人に、ある特定の型の個人、つまり『天分ある』生
徒だけに適したできあいのモデルに応じてではなく、そのおのおのの個性に
したがって、その天稟（てんぷ）や固有の能力に応じて発達することを許す
ものでなければならない。「天分ある」生徒はやすやすと学んでしまい、学
校というしくみに疑問をもつこともないのである。」と述べて、現在の教育
は各個人を社会が用意した人間モデルの鋳型にはめ込んでいるのに過ぎない
と批判し、これからの教育は、各個人の学習要求に基づいて、各個人に必要
な学習・教育の機会を提供すべきであることを説いている。

　また、「教育方法の重視—すべての知識の相対的な性格を認めるならば、
教育の過程においては、認識や表現の手段の獲得に注意を向けるようにうな

がされる。つまり、まず、言語（書き言葉と話し言葉）、数学、芸術的（絵画とか音楽や唱歌や舞踊）及び身体的表現手段などの獲得に。学校の果たすべき役割は、系統的な誘導により、考察や勉強の計画や分析的操作と総合的な操作の関係づけなどの能力を養いつつ、また対話やチーム作業の習慣をつくりつつ、『学ぶことを学ばせる』ことにある。」と、学校の果たすべき役割は、「学ぶことを学ばせる」であると明言して、生涯学習で必要となる学校の在り方は、「知識の伝達やその記憶」を行うのではなく、「自己学習・自己教育」ができる人間の育成を図るものでなければならないと主張しているのである。

(2)「学ぶことを学ばせる」の意味内容

　これらの主張の中で、特に、注目すべきことの一つは、学校の役割は「学ぶことを学ばせる」ことにあるということである。「学ぶことを学ばせる」こと、すなわち、「教育＝知識の伝達ではない。」という意味はどのようなものなのだろうか。「学ぶことを学ばせる」の意味内容は、次の三点である。

　①「内発的動機づけ」である。つまり、「学ぶこと」は楽しい・面白い・興味深いという感覚を育成することである。これは、主体的・自主的・自由な「学び」の態度を育てるということになる。これがないと高齢になっても「学ぶ」という気力や意欲が生まれ出てこないとされる。

　②「学習方法の経験と体得」である。これは、自己教育・自習の方法の習得を内容とする。本を読む、先生から教わる、グループで討論や教えあう、様々な体験や実験・見学を行って学ぶなどの教育方法についての様々な経験を経て、自分の得意な学習方法の発見や習得に心がけるということである。

　③「考え方（考察）の訓練」である。これは、感情論ではなく、論理的思考・合理的思考・分析的思考・総合的思考・科学的思考などの様々考え方や考察する方法を学ぶということである（波多野完治、1985年）。これらについては、議論の分かれる点でもある。

(3)「生涯教育（学習）」の理論から「子どもたち」へ

『生涯教育入門』の中で、ポール・ラングランは今後の子どもたちの教育について次のようにまとめている。【今後学習の目標】―①現代生活における労働の価値の理解。②社会構造や法律・経済の働きについて。③映画・テレビ等マス・ディアの活用方法。④継続的な読書（詩・哲学の言葉の理解、速読）。⑤生活の技術。⑥人間生活での共同・協力の必要性（対話・相互依存関係・男女関係）。

この中で、特に、「①現代生活における労働の価値を理解すること」は「キャリア教育」の問題、「③映画・テレビ等マス・メディアの活用方法」はスマホ・SMS の取り扱いや活用倫理の問題、「⑥人間生活での共同・協力の必要性（対話・相互依存関係・男女関係）」は男女平等・男女共同参画社会・共生社会の創造等と、現代日本社会の教育課題・問題と重なるように思える。ここに、ポール・ラングランの「先見の明」、すなわち、卓越した将来の世界社会を見通す目を持っていたと高く評価できるのである。

これまで検討してきたポール・ラングランの「生涯教育論」についてまとめると次の図 1-2ようなる。

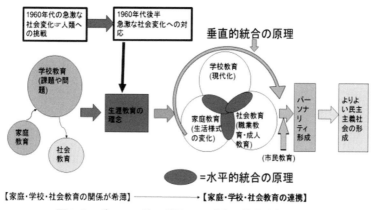

図1-2　ポール・ラングランの「生涯教育論」の構造

引用・参考文献

教育基本法研究会編『逐条解説改正教育基本法』第一法規株式会社、2014年。

ジャスティン・チャドウィック監督・イギリス映画『おじいさんと草原の小学校』クロックワークス、2010年。

日本生涯教育学会編『生涯学習事典』東京書籍、1990年。

日本ユネスコ協会編『社会教育の新しい方向―ユネスコの国際会議を中心として―』日本ユネスコ国内委員会、1967年。

波多野完治著『続・生涯教育論』小学館、1985年。

ポール・ラングラン著、波多野完治訳『生涯教育入門』全日本社会教育連合会、1970年。

ポール・ラングラン他著、中京女子大学生涯学習研究所編訳『生涯教育とは何か―成人教育の思想と原理―』民衆社、1999年。

望月洋嗣著「ケニア元闘士84歳の小学生」『朝日新聞』2004年9月17日（金）、夕刊。

吉川　弘編著『生涯学習概論』文教書院、1997年。

第2章　生涯学習（教育）論の源流と国際的展開
─ジェルピの生涯学習（教育）論を中心に─

1　生涯学習（教育）論の源流

（1）生涯学習（教育）論のヨーロッパにおける源流

　ポール・ラングランのような考え方は、今から200年以上前のヨーロッパ
にすでに存在していたとみることができる。フランスのコンドルセ（Ma-
rie-Jean-Antoine-Nicolas Caritat. Marquis de Condorcet、1743年-1794年）は、『公
教育の本質と目的　─公教育に関する第一覚え書─』（1791年発表）の中で次
のように述べている。

　「しかし、一生を通じて行なわれねばならないという別種の教育も存在す
る。経験の証明するところによれば、ものごとは進歩をするか、それとも堕
落をするかのいずれかであり、その中間というものはかつて存在したためし
はない。子ども時代の教育を終えてから、ひきつづき自分の理性を強めよう
とせず、自分が習得しようとすればできたような知識を新しい知識で豊富に
しようとせず、誤謬を訂正したり、あるいは受け入れることがあるかもしれ
ない不完全な概念を訂正しようともしない人間は、自分たちの幼少時の学習
努力のすべての成果をやがて消滅させてしまうであろう」、また、「さらに、
新たな真理の発見、既知の真理の発展・進歩あるいは応用、一連の事件、法
律や制度面の変化、こうしたものは、教育で得た知識に新しい知識を付加す
るために役に立ち、不可欠なものとさえなるような環境をもたらすにちがい
ないのである。それゆえ教育が人間を形成するというだけでは十分ではない。
教育は、みずからが形成した人々を保持し、完全にしなければならず、また
そうした人々を啓蒙し、誤謬から保護し、再び無知な状態に転落すること阻

止してやらねばならない。真理の殿堂の扉は、あらゆる年鈴のものに開かれていなければならない。」（邦訳、1962年）と国民の一人一人の生涯学習（教育）と「公教育」での社会変化への対応と適応の教育・学習の必要性をフランス革命期において説いているのである。

　そして、翌1792年に、コンドルセは、『公教育の全般的組織に関する報告及び法案』を国民議会に提出している。その中で、例えば、中学校に関する記述の部分を見ると、「教師は毎適、広くすべての国民を対象とする講義を行なうであろう。各学校は、小図書館、小陳列室—ここには、若干の気象用器具、機械や織機の模型、博物標本などが配置される—を設けるであろう。そして、こうした施設は、成人にとっても新しい教育手段となるであろう。もちろん、これらの収集物は、最初はほとんどつまらないものであろうが、時が経つにつれてその数を増し、寄贈によって増加し、交換によって完全なものとなるであろう。これらの収集物は、観察や研究に関する趣味を広めるであろうし、またこの趣味はやがて収集の進歩に貢献するであろう。」（邦訳、1962年）と、中学校の教師が地域の大人・成人の教育・学習指導にたずさわることや中学校の「地域社会学校」化を図ることが定められていた。しかしながら、この法案は、フランス革命の混乱の中で提出されたこともあってか実現はしなかった。そのため「空想的生涯教育論」とも呼ばれている。しかし、そこに示された内容には、ポール・ラングランの主張に通ずる見解や現代日本の教育で取り入れられている実際の教育制度、例えば、日本の大学等での「科目等履修生制度」の萌芽等がみられる。

（2）生涯学習論の日本における源流

　これまで見てきたように、「生涯学習（教育）」の源流がフランスにあったことを確認してきたが、それによって、「生涯学習（教育）」が歴史的にヨーロッパ中心に展開してきたというイメージを持つかもしれない。

　しかしながら、わが国、東洋にもその源流があったことがわかる。

次に示した資料を見てほしい。これは、「信南自由大学趣意書」と題された文章である。「自由大学」とは、簡単に言うと、大正中期から昭和初期にかけて、長野県などの地方都市において設立された政府の援助などを全く受けないで完全に自主運営の民営の学習機関、いわば「地域住民立の学校（大学）」のことであり、土田杏村（1891年-1934年）が指導したといわれている。この「信南自由大学趣意書」の内容を見てみよう。

　①「信南自由大学趣意書」の内容

　「現在の教育制度によれば、学習の能力さへあるものならば、小学から中学、高等学校、大学へと何処までも教育を受ける事が出来る様になつて居る。此の学校系統は、早く既に十七世紀に於いて、コメニウスの創建したものであつたが、彼の創建の趣旨とするところは、個人の稟賦を何処までも完全に伸張し、我々の持つただ一つの要求もその儘に委縮させられてはならないといふ事であつた。」

　「然るにその後各国の制定した学校系統は、此の肝要なる趣旨を忘れ、其の創建した学校系統の形式だけを無批判的に踏襲する傾向を示した。いかにも此の制度の形式は、すべての民衆に教育の機会を与へ、最高学府としての大学は其の門戸を何人にも開放しているではあらう。併し其の教育を受ける為めには、人は莫大な経済的資力を必要とする。其の莫大なる教育費を持たないものは永遠に高い教育を受ける機会を持たず、結局高い教育は有資産者のみの持つ特椎となるのである。」教育制度上では、だれでも大学に行けるようになっているが、大学に行くにはお金がかかる。その結果、金持ちしか大学に行けないというのが今の日本であると主張されている。

　「今や各国の教育は、コメニウスの学校に帰らねばならぬ必要を痛感しはじめた。其の結果として、理論的には社会的教育の思潮が盛んとなつて来るし、事実的には成人教育の運動が前世紀に比類の無い発達を示した。そしてコメニウスの学校の本義から言えば、民衆が労働しつつ生涯学ぶ民衆大学、即ち我々の自由大学こそが教育の本流だと見られなければならぬことが、強

く主張せられるに至つた。」

　「教育は、僅かに二十年や三十年の年限内に済むものではないでは無い。我々の生産的な労働が生涯に亘つてなされなければならぬと同じ理を以て、教育は我々の生涯に亘って為される大事業である。教育により，自己が無限に成長しつつある事を除いて、生活の意義は無い。随つて教育の期間が、人生の中のある特定の時代にのみ限られ、其の教育の期間には、人はすべて農圃と工場とより離籍することは不自然であると思ふ。我々は労働と教育との結合を第一に重要なるものと考える。マルクスは、幼年者の労働には必ずしも反対せず、其れにより労働と教育とが結び付けられ得るならば、却て悦ぶ可きことであるとさへした。我々は労働しつつ学ぶ自由大学こそ、学校の本義を発揮しつつあるものと考へる。自由大学は補習教育や大学拡張教育では無い」ここでは、「教育は我々の生涯に亘って為される大事業」と、あきらかに、「生涯学習（教育）」の主張がなされている。

　「我々の自由大学は、最も自由なる態度を以て思想の全体を研究して行きたい。講師の主張には種々の特色があらう。併し教育は宣伝では無いから我々の大学の教育は、全体として特に資本主義的でも無ければまた社会主義的でも無い。其等の批判を、自分自身で決定し得る精神能力と教養とを得ることが、我々の教育の眼目である。我々は飽くまでも其の自由を保留し得る為めに、すべての外的関係とは没交渉に進んで行きたい。我々の自由大学こそは、我々自身が、我々自身の力を以て、我々自身の中に建設した、最も堅固なる一の教育機関である。」（高村久夫他、1997年）様々な知識や考え方を知ったうえで、自分自身で物事の判断をできるようになりたい。そのために、思想的・社会的に「中立」を保ちたいという考え方が表明されている。自主・独立の精神の表明であるといえる。

　②「上田自由大学在学者の声」（『近代日本教育の記録』（下）より）

　この自由大学で実際に学んだ小杉巌さんは、自由大学での学びについて振り返り、次の資料に示したような見解を後に示している。

「小杉：それともう一つは、この自由大学では、ほんとうに自発的に農村の青年たちが自分たちの力で教養を身につけていきたい。これには土田氏の助言や、あるいはその前の哲学講習会なんかでの土田氏に対する尊敬の念というか、講義についての感激、そういうものが根になっていると思いますし、それが基になって開かれてきたというところにあると思います。それも農閑期に、しかも夜間にだいたい平均して三時間くらい毎日講習を続けていった。

浜田：職業を持っている人たちが職業とは別に学んでいこうという、今流にいえば生涯教育の型とでも言えるのでしょうか。

小杉：それを自覚的にやったという意味で、ほんとうの意味の生涯教育ではないかと思うのですが。

浜田：だから入学資格もない、卒業資格もないという形になったんでしょうね。

小杉：ええ。その点が今の大学なんかのあり方とはちょっと違ってくるのではないですかね。資格ももらえない、単位ももらえない、もちろん卒業ということもない。それでもあえて学習に励もうと。」

（注）小杉：小杉巌（自由大学で学んだ方）、浜田：浜田陽太郎（教育学者）

小杉巌さんの「ええ。その点が今の大学なんかのあり方とはちょっと違ってくるのではないですかね。資格ももらえない、単位ももらえない、もちろん卒業ということもない。それでもあえて学習に励もうと。」という発言や言葉の内容に対して、現在の大学生はどのような感想や意見を持つのであろうか。

③日本における「生涯学習（教育）」の源流—「信南自由大学趣意書」の世
　界的な意義—

1920年代に、「信南自由大学趣意書」では、「教育は我々の生涯に亘って為される大事業である。」と述べて、「生涯学習」の必要性・意義を唱えていた。つまり、大正時代にすでにわが国には、「生涯学習」の考え方と教育実践が、

内容紹介

Professor Thomas has written the first book in English on the evolution of adult education in Japan, and its role in shaping a democratic society. He describes the rich range of adult education and, in the context of the sometimes turbulent Japanese history of social upheaval, he examines the relationship between adult education and social change. In particular, he asks whether Japanese adult education is connected with economic success.

（SAGE Publications Ltd、1985年）

しかも民間で存在していたことを示している。特に、1920年代に、「考え方」だけでなく、生涯学習の「教育実践」が存在していたことは驚きである。

　これに関して、イギリス人で日本の社会教育について研究をしていたJ. E. トーマス（Thomas）は、「信南自由大学趣意書は、先見的な生涯学習論であり、1920年代の日本に存在していたことは驚きであり、ヨーロッパに紹介する意味がある。」と高く評価して、上に写真で示した著作、"LERNIG DEMOCRACY IN JAPAN" の中に「信南自由大学趣意書の全文」を英語に翻訳してヨーロッパに紹介した。1985年のことである。

　④室町期日本の『風姿花伝』（『花伝書』、1400年）での生涯学習

　さらに歴史をさかのぼると、室町期に世阿弥（1363年？-1443年？）によって著せられた『風姿花伝』（『花伝書』）には、年齢に応じた能のおけいこのやり方・指導方法が説明されていることがわかる。つまり、今から約600年以上も前に、年齢段階別の学習方法を示した「生涯教育論」が日本にすでに存在していたということになる。ただし、現在のものと区別して、「古典的生涯教育論」と呼ばれることがある。

『風姿花伝』(『花伝書』) の第一章は、「年来稽古条々」となっている。この本来の趣旨は、年齢に応じた稽古の仕方を示すもので、年齢に応じた対処の仕方や、歳を経ていく自らについて、後世に伝えるもので、教育者として、親として、どのように子ども (若年者) に対応していったら良いのかという観点や、年齢を経ていくことにも言及しており、世阿弥の教育論、人生論としても示唆に富んだ内容となっている。

例えば、幼年期 (7歳頃) では、「一、この芸において、大方七歳をもて初めとす。このころの能の稽古、かならずその者自然といたすことに得たる風体あるべし。」、つまり、「能では、7歳ごろから稽古を始める。この年頃の稽古は、自然にやることの中に風情があるので、稽古でも自然に出てくるものを尊重して、子どもの心の赴くままにさせたほうが良い。良い、悪いとか、厳しく怒ったりすると、やる気をなくしてしまう」(無理に教え込むな、自由にさせなさいと言っている)。

青年期 (24〜25歳の頃) では、「されば、時分の花をまことの花と知る心が、真実の花になお遠ざかる心なり。ただ、人ごとに、この時分の花に迷いて、やがて花の失するをも知らず。初心と申すはこのころの事なり」(つまり、新人であることの珍しさによる人気を本当の人気と思い込むのは、「真実の花」には程遠い。そんなものはすぐに消えてしまうのに、それに気付かず、いい気になっていることほど、おろかなことはない。そういう時こそ、「初心」を忘れず、稽古に励まなければならない。) などと記述されているのである (『風姿花伝』、1958年)。

現代でも通用する「教育の理論」とも考えられる部分がある著作である。いずれにせよ、日本にも「生涯学習 (教育)」の考え方が古い時代から存在していたといえる。その他、『論語』『儒教』の存在も、わが国の国民の生涯学習 (教育) の理解とその発展の社会的基盤を形成したと考えられている。少なくとも、「生涯学習 (教育)」の現代的提唱者であるポール・ラングランはそのように考えていた。

2　生涯学習（教育）論の国際的展開

(1)　二つの「生涯学習（教育）」関係の専門雑誌の存在―『社会教育』（全日
　　本社会教育連合会）と『月刊　社会教育』（国土社）―

　わが国において、「生涯学習（教育）」関係の専門雑誌には有名なものが二
つある。一つ目の雑誌は、『社会教育』（全日本社会教育連合会）という雑誌で
ある。二つ目は、『月刊　社会教育』（国土社）という雑誌である。当然、ど
ちらとも「生涯学習」・「社会教育」を内容として扱っている。他の分野、例
えば、ファッション雑誌等でも複数の雑誌が当たり前のように存在している
ので、「生涯学習」・「社会教育」の分野でも二種類あっても何ら不思議では
ない。かえって、「数が少ない。」と思われてもおかしくはない。しかしなが
ら、この二種類の雑誌には、それぞれに「存在理由」が明確にある。そこか
ら、ポール・ラングランの主張以降の生涯教育（学習）論の展開について紐
解いていきたい。

　そして、この章の最後に、再びまた、この二つの「生涯学習」関係の専門
雑誌の問題―存在理由に戻って考えてみることにする。

(2)　エットーレ・ジェルピの生涯教育論

　ポール・ラングラン以降の生涯教育（学習）論の展開について、ユネスコ
での動向に注目してみる。

　1972年に、ポール・ラングランは、ユネスコを引退する。その後を継いだ
のがイタリア人のエットーレ・ジェルピ（Ettore Gelpi、1933年-2002年）であ
った。エットーレ・ジェルピは、ミラノの出身であったがアメリカで成人教
育について学んだ。その後、イタリアで教師やソーシャル・ワーカーとして
働いたりした。また、ユネスコからアフリカに派遣された経験を持った人物
であった。彼の考え方は、『生涯教育―抑圧と闘争の弁証法―』（邦訳、1983
年）という本で理解することができる。ここでは、この本の記述内容を手掛

かりにして、エットーレ・ジェルピの「生涯教育」に対する考え方とその社会的な影響について理解してみたい。

エットーレ・ジェルピの生涯教育論をまとめると次のように示すことができる。

「1．生涯教育（学習）は、基本的には必要である」、つまり、ポール・ラングランと同様に人間にとって『生涯学習』は必要であるという同じ考え方を示しているが、「2．現在の生涯教育（学習）、すなわち『社会変化への適応』とは異なった方向をとるべきである」とポール・ラングランを代表とするそれまでの生涯学習の考え方は「体制的で保守的で先進国よりである」と批判している。つまり、「反　P.ラングラン」の表明である。そして、これからの生涯教育（学習）は、先進国などからの社会的な「抑圧」に対する抵抗の「武器」とすべきある。「生涯教育」で様々なことを学び、それを以て、地球規模での社会改革運動を行う必要性があると考えたのである。それ故に、「3．生涯教育（学習）は、政治的に中立ではない」ということになり、生涯教育（学習）は特定の政治的・社会的思想や様々な社会改革運動・活動と切り離すことはできないし、その「出発点」が「生涯教育（学習）」となるとしている。さらに、「4．生涯教育（学習）は、自己決定学習である」、すなわち、教育・学習の目的、内容、方法等を他から強制されるのではなく、学習者自ら設定して行うものである。そのために、「5．生涯教育（学習）は、「個人」の動機に応えるものである」という主張になる。ここでの「個人」の意味は、「各個人」又は「民族」ということになるが、ジェルピは「民族」ととらえていると考えられる。これらをまとめて「集団主義的生涯教育論」と呼ばれることがある。

ジェルピは、生涯教育（学習）の対象は、「第三世界」の人々であり、現在の世界的な社会状況からすれば、これらの人々こそ「教育＝学習」が必要と考えた。また、生涯教育（学習）の内容としては、「識字教育」（＝字の読めない人を対象に読み書き能力を身につけさせる教育のこと。）が中心となると考え

た。「第三世界」の人々は、文字の読み書きができないために、地球規模での自分たちの社会的位置が理解できず、また、自分たちの意見表明も困難となっているとも考えたのである。これらのことをまとめて図に示すと下の図2-1のようになる。

（3）エットーレ・ジェルピの生涯教育論の社会的な影響

　1965年　ポール・ラングランの「ワーキング・ペーパー」から出発した現代の「生涯教育（学習）論」ではあるが、1970年代以降のエットーレ・ジェルピの「生涯教育（学習）論」の登場とその展開により、現在の日本も含めて、世界には大きな「二つの生涯学習の思潮」が混在しているということになる。1970年代以来今日に至るまで、未だに、基本的には対立している。つまり、一口に「生涯学習（教育）」といっても「一枚岩」ではなく、人によってその「立脚点」が大きく異なるということである。専門家としては、この認識が大切である。

　両者の特徴をそれぞれまとめて表すと、「ラングラン＝パーソナリティ形成、道徳・哲学的アプローチ、社会適応のための学習」論、「ジェルピ＝人権・学習権、政治・経済的アプローチ、社会改革運動のための学習」論ということができる。その影響は、世界的規模で未だに大きく、この章の冒頭で紹介したわが国での「二つの雑誌」の存在にも影響を与えているのである。『社会教育』（全日本社会教育連合会）はラングラン路線、『月刊　社会教育』

E.ジェルピの生涯教育論のまとめ

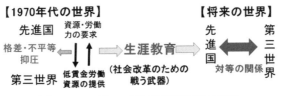

図2-1　E.ジェルピの生涯教育論の構造

（国土社）はジェルピ路線といえる。例えば、2003年5月号で特集テーマ・目次を見ると、『社会教育』（全日本社会教育連合会）は「社会変化と自己点検」、『月刊　社会教育』（国土社）は「マイノリティーの生活と学習」となっている。ただし、これはあくまでもこれまでの学識から独自に判断している。

　これまでにも、これらをまとめ上げようとする努力もなされてはいる。しかし、それらを含めて、ここでは、どちらが正しいとか、間違っているとかの結論を示したり、求めたりしているわけではない。「生涯学習（教育）」に対する基本的な考え方の相違が存在していることの指摘である。これらについて、図に著した結果が次の図2-2と図2-3である。

　この「生涯学習（教育）」における「二つの大きな思潮」の存在をどのように考えたらよいのであろうか。それが私たちの今後の検討と学習課題の展開につながる。

（4）エットーレ・ジェルピの「高齢者の生涯教育論」
　『生涯教育―抑圧と闘争の弁証法―』の「第7章　産業化社会の教育と高齢化生活」において、E.ジェルピは、「高齢者と生涯教育」の在り方につい

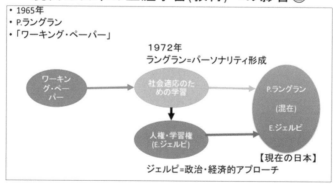

図2-2　生涯学習論の展開の社会的な影響

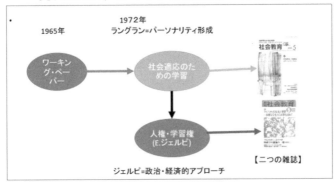

図2-3　生涯学習論の展開の「二つの雑誌」への影響

て次のように述べている。

　現代社会には多くの差別が存在する。例えば、年金受給権などをその例として示すことができ、特に高齢者にはその差別が累積される場合が多い。農業社会では年老いた農民はその技術的な知識を死ぬまで保持でき、家族に最後まで影響力を持ち続けることができた。しかしながら、産業社会では老人の技術的能力は急速に衰え、社会的な影響力がなくなってしまう。「ここから、老人が尊重され、尊敬を受け、有能であったりした過去の夢が出てくるのである。」という高齢者の基本的な人権や社会的な効用についての認識を述べた後、このような状況に「生涯教育は、このような代替策の方向に一つの有益で可能な戦略を提示してくれているように思われる。老人に少しばかりの教養を与えたり、あまり悲惨な晩年をすごさせないために気晴らしを与えるといったことが問題なのではない。大切なのは、現在と老後の時期が可能な限り統合されるように戦うことでなければならない。」

　「老人は学ぶことができる、と心理学者はわれわれに言う。だが、この科学的言明は、第三の年代（引用者注：介助の必要な老後の時期を意味する。）ため

の政策が伴わなければ十分なものではない。大学のなかに単に退職者のための講座を開設したり、コミュニティ・センターで文化活動を発展させることだけが重要なのではない。必要なことは、コミュニティ、生活、住宅、労働組織、文化、医療保護、余暇などのための政策をもつことである。この政策は、老人の社会的統合を推し進め、老人の隔離に対して抵抗するものでなければならない。」と述べて、高齢者の生活は、教育的・社会的な「隔離」生活であってはならないことを主張している。

　さらに、「第三の年代の生涯教育は、病院や『施設』の講義室のなかでもっぱらおこなわれるのではない。生涯教育とは、その人が、近隣地域で暮らし続ける権利、地域共同体のなかに根づいた集団文化を保存していく喜び、他者が、われわれに準備してくれなかった種々の経験をもつ可能性の中にある」そして最後に、「問題は老人に『力』を与えることではなく、彼らに、単に生き残る権利ではなく生きる権利を回復することなのだということを明らかにしておこう。つまり、老人達を片隅に追いやってしまうのではなく、他者とともに生きること、自分自身の関心を発見し、探求し、発展させつづけられる生活こそがもっとも重要なことなのである。」と結んでいる。

　また、「フォーマル教育構造（学校、大学、図書館、マス・コミュニケーション）が有益な役割を果すことができるとしても、老人の教育経験をもっとも豊かにするものは、もう一つの形態の生涯教育である。構造的で自発的な集団生活、家族集団、友人、余暇、環境などは、もっとも重要な学習機会を提供してくれる。第三の年代のための政策は、老人がおかれている全体的な枠組みを考慮しなければならない。老人達を、自分達が住んでいる近隣地域や家族や友人達から切り離し、彼らに設備の立派な図書館と閉じられた回路のテレビを備えた休養施設を提供することは、あまり賢明なアプローチではない。」と、高齢者の社会的な隔離とその政策の実施にも警告を発している。

　いかにも人権思想・学習権を基本として生涯学習を考えるエットーレ・ジェルピらしい議論の展開である。「老人達を片隅に追いやってしまうのでは

なく、他者とともに生きることのできる生活」の保障、すなわち、高齢者自身の自己効用感や社会的な効用感の増幅を目ざし支援する社会政策の必要性を主張するこれらの考え方は、現代日本が抱える高齢者の課題・問題と学習支援の展開に一つの方向性を見事に与えてくれているように思えるのである。

　この文章が1970年代半ばに書かれているとは驚きである。当時、すでに、ヨーロッパの高齢者問題はこの水準まで問題化していたのかという社会状況を私たちに知らしめるともに、その五十年後の2000年代の日本の社会状況や問題点・課題を見事に予見し、その課題の解決方法並びに生涯学習（教育）支援の展開の方向性を示してくれていると見ることができる。

引用・参考文献

コンドルセ著、松島鈞訳『公教育の原理』明治図書、1962年。

コンドルセ著、阪上孝訳『フランス革命期の公教育論（岩波文庫）』岩波書店、2002年。

エットーレ・ジェルピ著、前原泰志訳『生涯教育－抑圧と闘争の弁証法－』東京創元社、1983年。

高村久夫他共編著『社会教育・生涯学習基礎資料』樹村房、1997年。

日本近代教育史事典編集委員会編『日本近代教育史事典』平凡社、1971年。

浜田陽太郎・石川松太郎・寺﨑昌男編著『近代日本教育の記録』日本放送出版協会、1978年。

世阿弥著『風姿花伝』（花伝書）岩波書店、1958年。

第3章　マルカム・ノールズの成人教育論
―「アンドラゴジー・モデル」―

1　「成人」に関する学習理論

　次に、「成人」関する学習基礎理論について、(1)マルカム・ノールズの成人教育論と(2)パトリシア・A・クラントンのノールズ批判と意識変容の学習の提案について検討して、その理論の理解を深めたい。

(1) マルカム・ノールズの成人教育論―「アンドラゴジー・モデル」

　マルカム・ノールズ（Malcom S. Knowles、1913年-1997年）は、彼の著書『成人教育の現代的実践　ペダゴジーからアンドラゴジーへ』（1980年）の中で、成人の学習のモデルの「アンドラゴジー・モデル」について次のように述べて説明している。

　当初私は、アンドラゴジーを『成人の学習を援助する技術と科学』（the art and science of helping adults learn）と定義し、ペダゴジーを『子どもを教える技術と科学』と定義した。その後小中学校（そしてわずかではあるが大学でも）の教師の多くが、私に次のような報告をしてくれた。すなわち、アンドラゴジーの概念を青少年への教育にあてはめる試みを行なったところ、ある状況においては、それがすぐれた学習を生み出すことがわかったということである。そこで私は、現在の時点では、アンドラゴジーは単に、ペダゴジーのモデルと並んで使われる成人学習者の別のモデルであるとみなすようにしている。それゆえ、特定の状況への『適合』の程度が検証されるべき、二つの異なったモデルを示しているということになる。さらにまた、これらのモデルは、二分法的というよりはむしろひとつのスペクトルの両端として見

たほうが、おそらくより現実的であろう。そして両端の間に実際の状況が入るということになる。例えば、依存性対自己決定性（self-directedness）の対比を例に考えてみると、六歳の子どもは、ゲームのルールを学習するうえではきわめて自己決定的であるが、計算機の活用の学習においてはきわめて依存的であろう。逆に、四〇歳の成人は、コンピュータのプログラムの学習においては非常に依存的であろうが、家具の一部を修理することの学習ではきわめて自己決定的であろう。私の見るところでは、ペダゴジーの考え方が現実的な場合はいつでも、学習者の年齢に関係なく、ペダゴジー的な方法がふさわしいであろうし、逆もまたそうであろう。しかし、私はここでひとつの警告を発しておきたいと思う。それは、ペダゴジー・モデルに深い忠誠心と思い入れをもっているペダゴジー信奉者（ideological pedagogue）は、アンドラゴジーの考え方が現実的なときも、それを過小評価したがるかもしれない、そして、学習者が自己決定的になってからもずっと学習者を依存的な状態のままにしたがるかもしれない、ということである。」と「アンドラゴジー」を「成人の学習を援助する技術と科学」と説明し、ペダゴジー・モデルとアンドラゴジー・モデルについてのそれぞれの特徴とその相違点について明らかにした。そして、有名な次の「図表4　ペダゴジーとアンドラゴジーの考え方の比較」（ここでは表3-1）という二つのモデル対比の一覧表を示してアンドラゴジー・モデルの特質を示した。ここでの重要な点の一つは、「学習者」の捉え方である。「アンドラゴジー・モデル」では、学習者の「自己決定性」が基本で重要となるということが強調されている。このことが後の議論や批判の対象ともなる。

（2）『学習者と教育者のための自己主導型学習ガイド』の中での「アンドラゴジー・モデル」の要約

　この理論について、ノールズは、1975年の著書『学習者と教育者のための自己主導型学習ガイド』（邦訳、2005年）の中で「アンドラゴジー・モデル」

表 3-1　ペダゴジーとアンドラゴジーの考え方の比較（図表 4）

項目	ペダゴジー	アンドラゴジー
学習者の概念	学習者の役割は、はっきり依存的なものである。教師は、何を、いつ、どのようにして学ぶか、あるいは学んだかどうかを決定する強い責任をもつよう社会から期待されている。	人間が成長するにつれて、依存的状態から自己決定性が増大していくのはしぜんなことである。もちろん、個人差や生活状況による差はみられるが。教師は、この変化を促進し、高めるという責任をもつ。成人は、特定の過渡的状況では、依存的であるかもしれないが、一般的には、自己決定的でありたいという深い心理的ニーズをもっている。
学習者の経験の役割	学習者が学習状況にもち込む経験は、あまり価値をおかれない。それは、スタートポイントとして利用されるかもしれないが、学習者が最も多く利用する経験は、教師や教科書執筆者、視聴覚教材製作者、その他専門家のそれである。それゆえ、教育における基本的技法は、伝達の手法である。講義、割り当てられた読書、視聴覚教材の提示など。	人間は、成長・発達するにつれて、経験の貯えを蓄積するようになるが、これは、自分自身および他者にとってのいっそう豊かな学習資源となるのである。さらに、人びとは、受動的に受け取った学習よりも、経験から得た学習によりいっそうの意味を付与する。それゆえ、教育における基本的技法は、経験的手法である。実験室での実験、討論、問題解決事例学習、シミュレーション法、フィールド経験など。
学習へのレディネス	社会からのプレッシャーが十分強ければ、人びとは、社会（とくに学校）が学ぶべきだということをすべて学習しようとする。同年齢の多くの人は、同じことを学ぶ準備がある。それゆえ、学習は、画一的で学習者に段階ごとの進展がみられる、かなり標準化されたカリキュラムのなかに組み込まれるべきである。	現実生活の課題や問題によりうまく対処しうる学習の必要性を実感したときに、人びとは何かを学習しようとする。教育者は、学習者が自らの「知への欲求」を発見するための条件をつくり、そのための道具や手法を提供する責任をもつ。また、学習プログラムは、生活への応用という点から組み立てられ、学習者の学習へのレディネスにそって、順序づけられるべきである。
学習への方向づけ	学習者は、教育を教科内容を習得するプロセスとしてみる。彼らが理解することがらの多くは、人生のもう少しあとになってから有用となるものである。それゆえ、カリキュラムは、教科の論理にしたがった（古代史から現代史へ、単純な数学・科学から複雑なものへなど）教科の単元（コースなど）へと組織化されるべきである。人びとは、学習への方向づけにおいて、教科中心的である。	学習者は、教育を、自分の生活上の可能性を十分開くような力を高めていくプロセスとしてみる。彼らは、今日得たあらゆる知識や技能を、明日をより効果的に生きるために応用できるよう望む。それゆえ、学習経験は、能力開発の観点から組織化されるべきである。人びとは、学習への方向づけにおいて、課題達成中心的である。

出典：マルカム・ノールズ著、堀薫夫・三輪建二訳2002.『成人教育の現代的実践 ペダゴジーからアンドラゴジーへ』鳳書房, p.39

での「学習者」と「学習プロセス」について次のように要約している。

「教師主導型学習では、学習者は基本的に依存的な牲格をもつており、学習者が『何をいかに教えられるべきか』を決める責任は教師にある、という前提にたちます。一方、自己主導型学習は、人間は成熟の途上で必ず、自己主導的になるためのコンピテンス（『自己主導的になりたい』とのニーズ）を発達させるものであり、このコンピテンスはできるだけ早いうちに伸ばされるべきだとの前提に基づきます。教師主導型学習では、学習リソースとして見た場合に、教師、教科書の執筆者、教材の製作者の有する経験の方が、学習者自身の経験よりもよりも、すぐれたリソースであると捉えられ、それゆえに教師は、これら専門家のリソースを学習者に伝授する任をもつのだと考えられています。一方、自己主導型学習では、学習者の経験は、専門家のリソースとともに活かされるべき、非常にゆたかな学習のリソースと見なされる。」と説明している。

「教師主導型学習の中では、生徒（学習者）は、成長段階に応じて学べる事がらが決まってくるために、ある成長段階に達すると、生徒はみな、同じことを学習できるようになるのだと見なされます。一方、自己主導型学習においては、個々の学習者はすでに、自分が直面する人生の課題をこなしたり、生活上の問題に適切に対処したりするのに必要な学習に、すぐに取り組める姿勢が整っているのだという前提にたつのです。そのために、人はそれぞれ、他者とは異なった状態の『レディネス』をもっていると考えられています。

教師主導型学習では、生徒は、教科中心に方向づけられた教育に参加する（つまり学習は、教科内容を蓄積していくことと見なされる）という形で学習に取り組むのだから、学習経験は、学習単元にそって梢成されるべきだという前提にたちます。それに対し、教師主導型学習では、このような教科中心の方向づけは、学校で教えられてきたことの結果にすぎないと見なすことから出発します。本来の教育的な方向づけは、課題を中心としたもの、または問題解決を志向したものであるべきなのです。それゆえに学習経験は、課題を達

成したり問題を解決するための学習プロジェクト（ないし探究活動）として構成されるべきだとの前提にたつわけです。

　教師主導型学習から見ると、生徒は、成績や学位、賞、資格、そして失敗への恐れのように、外から与えられる報酬や罰によって、学習へと動機づけられています。一方、自己主導型学習では、尊敬を得たい（特に自尊心をもちたい）という学習者のニーズや何かを達成したいという欲求、人間として成長したいという強い思い、何か特別なことを知りたいというニーズ、そして好奇心といった内在的な誘因が、学習者の動機づけに作用すると考えられています。

　この二つの異なる前提をよく吟味してみると、どちらも学習場面ではあり得ることだと、思われるかもしれません。すなわち、必ずしも、教師主導型学習ならすべて悪いというわけでも、自己主導型学習ならすべてよいというわけでもないのだと、思われるでしょう。確かに、次のような学習状況があります。例えば、まったく新しく未知の領域を探究しようとする時のように、本当に他者に依存せざるを得なくなる状況や、まったく未未経験の領域を探究しようとする時のように、従来の経験がほとんど役に立たない状況です。また探究する領域によっては、『レディネス』が発達段階に大きく左右される状況や、教科内容の修得こそが目的であるような状況、あるいは実際に外的なプレッシャーによって学習することを強いられている状況も挙げられます。けれども、おそらく言えるであろうことは、ペダゴジー的な教育とアンドラゴジー的な教育の違いをつくり出しているものは、各々の理論や実践の基盤盤となる前提の違いよりむしろ、学習者の態度の違いなのだということです。もし、自己主導的な学習者が、教えてもらうことが必要な場合もあることを理解したならば、調査・探究活動に取り組む態度をもち続けながら、『教えてもらって学ぶ』状況に参加していくことができるでしょう。そして自己主導性を維持しながら、教師を『学習のリソース』として活用していくことでしょう。」（渡邊洋子他、2005年）と説明して、ペダゴジー的な教育とア

ンドラゴジー的な教育の違いは、学習者の態度の違いにあるとしている。ま
た、それと関係して、必ずしも、教師主導型学習ならすべて悪いというわけ
でも、自己主導型学習ならすべてよいというわけでもないのだと述べている
点である。このことは、「アンドラゴジー・モデル」を理解する上で重要な
点となると思われる。これについては、後で再び論じることにする。

(3) 1990年の『成人学習者とは何か　見すごされてきた人たち』
　マルカム・ノールズは、1990年の『成人学習者とは何か　見すごされてき
た人たち』の中の第三章で「成人学習のひとつの理論：アンドラゴジー」に
ついて改めて説明をしている。これまで見てきた説明と対比すると重要な違
いがあると思われるので、長い引用になるが検討してみたい（堀他、2013年）。
　「第5節　成人学習のアンドラゴジー理論
　40年以上もの間ずっと、私は、ひとつの成人学習の理論を体系化しようと
試みてきた。それは、成人学習者のユニークな特性に関して、われわれが経
験や調査研究から知っていることを考察したものである。当初私は、成人は
インフォーマルで快適で柔軟で安心できる場において、最もよく学ぶという
考えのもとに、自分の考えをまとめていた（1950年の『インフォーマルな成人
教育』J参照）。そして1960年代なかばに、私は、ボストン大学の夏季講習会
に来ていたユーゴスラビアの成人教育学者によって、アンドラゴジーなる語
にふれる機会を得た。その語は私にとって、きわめて適切な統合的概念だと
思われた。というのはそれが、当時の私の理解によると、成人の学習を援助
する技術と科学（the art and science of helping adults learn）を意味するものだ
ったからである。
　私が最初に教育のアンドラゴジー・モデルを構築しはじめたときには、私
はそれが、ペダゴジー・モデルの反対語だととらえていた。じっさい『成人
教育の現代的実践』（The Modern Practice of Adult Education）の1970年版のサ
ブタイトルは、「アンドラゴジー対ペダゴジー」であった。」と述べて、「ア

ンドラゴジー」との出合いと当初の「アンドラゴジー・モデル」の提唱状況
説明をしている。

　ここで注目すべき重要な言葉は、「最初に教育のアンドラゴジー・モデル
を構築しはじめたときには、私はそれが、ペダゴジー・モデルの反対語だと
とらえていた。」ということである。続いて、「ペダゴジー」対する考え方や
意味内容について説明を始めている。

「1．最初はペダゴジーであった

　『ペダゴジー』は、ギリシャ語で『子ども』を意味する paid（『小児医学（pe-
diatrics）』と同じ由来をもつ）と『その指導者』を意味する agogus からきたこ
とばである。したがって、ペダゴジーの文字通りの意味は、子どもを教える
技術と科学だということになる。教育のペダゴジー・モデルは、まさに多く
の伝統的な教師たちによってとらえられている、一連の教育観やイデオロギ
ーなのである。それは、7世紀から12世紀にかけてヨーロッパの修道学校や
聖堂学校で、少年たちに基礎的技能を教える経験から発展してきた、教育と
学習の考え方にもとづいている。数世紀経って非宗教学校（secular school）
が組織化されはじめ、また19世紀に公立学校が組織化されだすなかで、これ
が存在する唯一のモデルとなった。それゆえ高等教育を含む、われわれのあ
らゆる教育事業は、ペダゴジー・モデルのなかに凍結されたのである。第一
次世界大戦後この国で、成人教育が体系的に組織化されはじめたときには、
それは、成人に対する教師が頼らねばならない唯一のモデルであった。その
結果ごく最近まで、成人はがいして、自分たちがあたかも子どもであるかの
ようにして教えられてきたのである。

　ペダゴジー・モデルは、教師に対して、何が学ばれ、それがいかにして学
ばれ、いつ学ばれ、そしてそれが学ばれたかどうかに関する、あらゆる決定
を下すうえでの全権をあたえる。それは教師主導型教育（teacher-directed ed-
ucation）である。学習者には、ただ教師の指導にしたがうという従属的な役
割のみが残される。したがってそれは、学習者に関する次のような仮説に立

脚しているといえる。

　(1)知る必要性　学習者はただ、「もし試験に合格したり進級したいと思うならば、教師が教えることを学ばねばならない」ということのみを知る必要がある。かれらの学ぶことがその生活にいかに応用されるかについては、知る必要はない。

　(2)学習者の自己概念　教師が抱く学習者の概念は、依存的なパーソナリティをもつ者である。それゆえ結果として、学習者の自己概念は、依存的なパーソナリティのものとなる。

　(3)経験の役割　学習者の経験は、学習への資源としてはあまり価値をおかれない。価値がおかれるのは教師や教科書執筆者、視聴覚教材製作者の経験である。したがって、講義や指定された読書といった伝達的技法がペダゴジー的な方法論の主流となる。

　(4)学習へのレディネス　学習者は、もし試験に受かり進級したいと思うならば、教師がかれらに学ばねばならないと言うものを学ぶようになっていく。

　(5)学習への方向づけ　学習者は、学習への教科中心的な（subject- centered）方向づけを有している。かれらは、学習を教科内容の獲得としてとらえる。それゆえ学習経験は、教科内容の論理にしたがって組織化されるのである。

　(6)動機づけ　学習者は、成績や教師の賛同の有無、親からの圧力など、外的な動機づけ要因によって学習へと動機づけられる。」と基本的には従前どおりの説明をしているが、ここでの説明では、第一次世界大戦後のアメリカでの成人教育がペダゴジー.モデルで体系的に組織化された唯一のモデルであり、その結果ごく最近まで、成人は子どもであるかのようにして教えられてきたという認識を示しているのである。また、モデルを構成する視点として「(1)知る必要性と(6)動機づけ」が示されていることも注目に値する。さらに、ここでは、次のような図3-1を示して、ペダゴジー・モデルとアンドラゴジー・モデルとの関係について、次のように説明を加えている。

　「図3-1では、このしぜんな成熟化の割合は、実線で示したように、依存

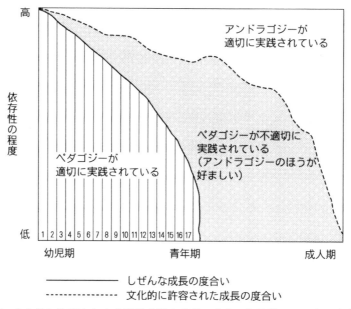

　　　　　　　　　 しぜんな成長の度合い
　　 - - - - - - - - - 文化的に許容された成長の度合い

図 3-1　文化的に許容された自己決定性の成長の度合いと比較した、自己決定性に
**　　　向かうしぜんな成熟の度合い**

出典：マルカム・ノールズ／堀薫夫・三輪建二監訳. 2013.『成人学習者とは何か』鳳書
　　　房、p.69

性の低下として表現されている。つまり、１歳児のころには依存性の度合い
がそのほとんどであるため、ペダゴジーの考え方が現実的であり、また、ペ
ダゴジーが適切に実践されている。しかし２歳から、３歳、４歳と進んでい
くにつれて、ペダゴジーの考え方はだんだんと適切でなくなってくる（タテ
線で囲まれた部分を参照）。しかし私の観るところでは、アメリカ文化（家庭、
学校、宗教機関、若者向け施設、政府機関）は、図中の破線で示したように、よ
りゆっくりした成長率を想定し、そしてそれを受け入れている。その結果、
実線と破線の間の薄く塗られた領域に示されるように、ペダゴジーが（年齢
が上がるにつれて）ますます不適切に行使されることになっている。ここでの
問題は、自己決定的であろうとするニーズは生物体的に高まりつづけるにも

かかわらず、社会の文化は、自己決定性に求められる能力の発達を育まないという点にある。その帰結は、自己決定的でありたいというニーズや能力との間のギャップの広がりである。このことは、個人の内部に、緊張や抵抗、憤慨、そしてしばしば反抗の感覚を醸成することにつながっていく。」と、自己決定的でありたいというニーズ等があるにもかかわらず、社会の文化は、自己決定性に求められる能力の発達を育まないという点が問題点であると主張している。図に示されているように、アンドラゴジーの方が適切にもかかわらず、ペダゴジーが行われている部分のことである。また、この図は、すでに、1978年発行の "The Adult Learner: A Neglected Species"（Second Edition）に示されている。

　続いて、アンドラゴジー・モデルについて、次のように説明している。

「3．アンドラゴジー・モデル

　アンドラゴジー・モデルは、ペダゴジー・モデルのものとは異なる、いくつかの仮説にもとづいている。

　⑴知る必要性　成人は、何かを学びはじめるまえに、なぜそれを学ばねばならないのかを知る必要がある。タフ（1979年）は、成人が自分から何かを学ぼうとするときには、かれらは、それを学ぶことで得られる効果とそれを学ばないことのマイナスの結果とに探りを入れることに、多大なエネルギーを注ぐことを明らかにした。よって、成人教育の新しい定説のひとつは、学習援助者の最初の課題は、学習者が「学習の必要性」を自覚するようになる手助けをすることだということになる。少なくとも援助者は、学習者の活動の効果や生活の質を高めるうえでの学習の価値を、知的に弁明することはできよう。私が学校や大学時代に受けたすべての授業を思い起こしてみるならば、教師が私に教えていたことを知る必要性を、私はほとんど理解していなかったと思う。私は、卒業証書や学位に向けての単位を取得するために授業を受けていたのである。そしてもし、現実生活での学習経験の活用の仕方を教師たちが示してくれていたならば、まちがいなく、これらの授業からもっ

と多くを学んだことだったろう。しかし、知る必要性の自覚のレベルを高めるためのより有効なツールは、学習者が自分自身で、現在の自分とそうありたい自分との間のギャップを見つけ出せるような、現実のあるいはシミュレートされた経験である。人事評定システム、ジョブ・ローテーション、役割モデルとの接触、診断的活動評価などは、こうしたツールの一例である。ブラジルの偉大な成人教育者パウロ・フレイレ（Freire, P.）は、その『被抑圧者の教育学』（Pedagogy of the Oppressed, 1970）のなかで、発展途上国の農民の、彼が「意識覚醒」と呼ぶ精緻なプロセスを構築した。

　(2)学習者の自己概念　成人は、自分自身の決定や自分自身の生活に対して責任をもつという自己概念を有している。いったんこうした自己概念に達したならば、かれらは、自己決定的である者として他人から見られたり扱われたりしたいという、深い心理的ニーズを発達させる。かれらは、他者がその意思を自分たちに押しつけていると思える状況に対して、憤りを覚え抵抗を示す。しかしこのことは、成人教育において、われわれにとって深刻な問題を表す。かれらが「教育」や「訓練」あるいはそれによく似た名称の活動のなかに入った瞬間から、かれらは再び過去の学校経験のなかの条件づけに戻り、依存性の怠け者帽子をかぶり、腕組みをして、椅子に深く座り、「教えてくれ」と言うのである。私は、自分の生活のあらゆる場面で明らかに自己決定的な成人が、どうしたらいいのか教えろと私にプレッシャーをかけるのを、何度も何度も経験している。われわれが、これがかれらの本心だと受け止め、かれらを子どものように扱いはじめたときに問題が生じる。というのは、そのときわれわれはかれらの内面に、学習者は依存的だという知識モデルと、自己決定的でありたいというより深い（おそらく無意識的な）心理的ニーズの間に、葛藤を生み出すからである。そして多くの人がこの心理的葛藤に対処するやり方は、それを引き起こしている状況から逃げようとすることである。そのことがおそらく、多くのボランタリーな成人教育の場での高い脱落率を、部分的に説明しているだろう。われわれがこの問題に気づくよう

になってきたので、成人教育者は、成人が依存的学習者から自己決定的学習者へと移行できるよう支援するかたちで、学習経験の創出活動を手がけてきた。私の『自己決定学習：学習者と教師のためのガイド』（Self-Directed Learning: A Guide for Learners and Teachers, 1975）は、こうした経験を集めた小著である。

　(3)学習者の経験の役割　成人は、若いときからの膨大な量とさまざまな種類の経験とともに、教育活動のなかにやってくる。ふつうに長く生きてきたおかげで、かれらは、若いときよりも多くの経験を集積してきている。しかしかれらはまた、異なった種類の経験をもしてきている。15歳のとき私は、フルタイムの労働者や配偶者、親、選挙権を行使する市民といった経験を有してはいなかった。しかし30歳のときには、私はこれらすべての経験をしていた。この経験の量と質のちがいは、成人教育に対していくつかの波及効果を生む。

　ひとつには、若者のグループの場合よりも、成人のあらゆるグループのほうがまちがいなく個人差の広がりが大きいということである。成人のグループは、社会的背景や学習スタイル、学習動機、ニーズ、関心、目標などにおいて、若者グループの場合よりも、より異質的（hetero-geneous）なのである。したがって、成人教齊における大きな強調点は、教授一学習方法における個人の重視となる。

　それはさらに、多くの種類の学習において、学習のための豊かな資源は、成人学習者自身のなかに存在するということをも意味する。それゆえ成人教育では、知識伝達的技法よりも経験開発的技法のほうがよりいっそう強調される。それは学習者の経験を活用する技法であり、例えば、集団討議法、シミュレーション、問題解決活動、事例法、実験室法などである。またそれゆえに、相互支援的な（peer-helping）活動も重視される。

　しかし、経験の豊かさという事実は一方で、ネガティヴな効果を生む可能性をもはらんでいる。経験を蓄積するにつれてわれわれは、新しいアイディ

アや新鮮な感覚、別の考え方に対して自分たちの目を閉ざすようにさせる、精神的習癖やバイアス、先入観を助長させてしまいがちになる。それゆえ成人教育者は、成人が、自分自身の習癖とバイアスを確かめ、新しいアプローチに対して心を開かせるような支援の仕方を見つけようとしている。感受性訓練、価値の明確化、瞑想法、独断性診断尺度などは、この問題に取り組むために用いられる技法の一例である。

　学習者の経験の活用を強調する、別のややデリケートな理由もある。それは、学習者の自己アイデンティティと関連するものである。小さな子どもは、自分の自己アイデンティティを、主にその外的な指標から引き出す。それらは例えば、自分の両親、兄弟姉妹、親戚であったり、どこに住んでいるか、あるいはどこの教会や学校に通っているかなどであったりする。成熟するにつれてかれらは、だんだんと自分のそれまでの経験という観点から自分たちを定義するようになっていく。子どもたちにとって経験は、自分たちのうえにふりかかる何かである。成人にとっては、その経験は自分の存在証明（who they are）である。（中略）、私は、自分の自己アイデンティティを自分の経験から引き出している。この事実が成人教育にあたえる意味は、次のようなものである。すなわち、成人の経験が無視されたり見下されたりするいかなる状況においても、成人はこれを、単にその経験のみが拒否されたのではなく、自分が人間として拒否されたのだと思うということである。

　(4)学習へのレディネス　成人は、その実生活の状況にうまく対処するために、知る必要性やできる必要性があるものごとを学ぼうとする。『学習へのレディネス』のとくに豊かな源泉は、ある発達段階から次の段階への移行と関連した発達課題である。この考え方で肝要となるポイントは、こうした発達課題と同時に生起する学習経験のタイミングの重要性である。（中略）、しかしながら、レディネスがしぜんに芽生えるまで、じっと座って待っている必要はない。例えば、すぐれた職務遂行のモデルとの接触や、キャリア・カウンセリング、シミュレーションなどの技法をとおして、レディネスを誘発

するやり方もある。

　⑸学習への方向づけ　子どもや若者が（少なくとも学校では）教科中心的な学習への方向づけを有しているのとは対照的に、成人はその学習への方向づけにおいて、生活中心的（life-centered）（あるいは課題中心的や問題中心的）である。成人は、その生活状況のなかで直面する課題を遂行したり問題に取り組んだりするうえで、学習がその手助けとなると感じる程度に応じて、何かを学習するためにエネルギーを注ぐよう動機づけられる。さらにまた、新しい知識や理解、技能、価値観、態度などが、現実の生活状況への適用という文脈から示されたときに、かれらは、それらを最も効果的に学ぶ。」

　「⑹動機づけ　成人は一部の外的な動機づけ要因（より良い仕事、昇進、高い給料など）には反応しやすいものの、その最も有力な動機づけ要因は内的なもの（より満足いく仕事への欲求、自尊心、生活の質など）である。タフ（1979年）は、自身の調査研究のなかで、『すべての一般成人は成長・発達しつづけることに動機づけられるが、しかしこの動機づけはしばしば、生徒としてのネガティヴな自己概念、機会や資源への近づきにくさ、時間的制約、そして成人学習の原則を侵犯するようなプログラムといった障害物によって妨げられる』ということを明らかにした。」と述べている。

　先にも指摘したが、モデルを構成する視点として「⑴知る必要性と⑹動機づけ」が示されていることは注目に値する。特に、「⑴知る必要性」の成人は、何かを学びはじめるまえに、なぜそれを学ばねばならないのかを知る必要があり、成人教育の学習援助者の最初の課題は、学習者が「学習の必要性」を自覚するようになる手助けをすることだということになるという指摘はとりわけ重要と思われる。

　最後に、「4．ペダゴジー・モデルとアンドラゴジー・モデルの展望」として、「これら2つのモデルのこれまでの扱いにおいて、私はこれらが対極的な（antithetical）なもの（つまり、ペダゴジーが悪くアンドラゴジーが良いとか、ペダゴジーが子どものためのものでアンドラゴジーがおとなのため

のものとか）だと言っているようにみえるかもしれない。」

　「そこで私は、この２つのモデルをこれから述べるような見方のもとに収めたいと思う。まず最初に、代替的な考え方のイデオロギーとシステムを区別しておきたい。ペダゴジー・モデルは、多くのイデオロギー的な特性を帯びてしまっているように思える。その支持者に忠誠と同調性を求める、体系的な信念の総称として定義されるイデオロギーである。私のこれまでの生徒と教師としての経験のほとんどにおいて、私は教育システムから、ペダゴジー・モデルにしたがうべきプレッシャーを感じていた。例えば、私は次のように言われたことがある。『教育成果への最も良き動機づけ要因は成績への競争である』『それゆえ、成績は正規分布の曲線を描くにちがいない』『ただ何人かの不合格者がいるからこそ、多くのＡ評価が出されるのだ』。ペダゴジーのイデオロギーは、合言葉的な（shibboleth）『学術的基準』によって、明らかに犠牲者を生み出している（＝もしあまりに多くのＡ評価を出したならば、あなたは学術的基準を犯していることになる）。

　私が思うに、アンドラゴジー・モデルはひとつのイデオロギーではない。それは、一連の代替的な仮説のひとつの体系である。そしてこのことは、２つのモデルの間の決定的な相違点につながる。ペダゴジー・モデルは、アンドラゴジー的な考え方を排除するひとつのイデオロギー的モデルである。アンドラゴジー・モデルは、ペダゴジーの考え方を含む、ひとつの仮説の体系である。

　このことが実践上で意味するのは、われわれ教育者はいまや、ある一定の状況のもとで、どちらの考え方が現実的かを確かめる責任を有しているということである。もし、ある特定の学習目標という観点からみて、ある特定の学習者にとって、ペダゴジー・モデルのほうが現実的だとするならば、少なくとも出発点としては、ペダゴジー的な方策のほうが適切だということになろう。例えば、（完全に未知の内容領域に参入するときなどのように）学習者が実際に依存的であるときや、実際にその内容領域に関する先行経験が皆無のと

き、あるいは自分たちの生活上の課題や問題にとってその内容領域の妥当性が理解できないとき、要請された仕事を連成するためにある特定のテーマの内容を蓄積する必要があるとき、そしてその内容を学習するニーズが心のなかで感じられないときなどでは、ペダゴジー・モデルによって教えられる必要があるだろう（もし私が明日、原子物理学のコースを受講するようになった場合、それについてさらなる学習を開始しようとするまえに、私はその学習のために、その内容や内容構成、専門用語、情報源などを、教示的な指導者に教えてもらう必要があるだろう）。

　しかし、イデオロギー的なペダゴジー論者（pedagogue）とアンドラゴジー論者（andragogue）とでは、ここからいかに進むかという点で、ひとつの大きなちがいがある。ペダゴジー的な考え方が唯一の現実的な仮説だと考えているペダゴジー論者は、学習者は教師に依存しつづけると言い張るだろう。これに対して、アンドラゴジーの考え方に向かう動きがひとつの好ましい目標だと考えているアンドラゴジー論者は、学習者が自分自身の学習にだんだんと責任がもてるようになるよう手助けすることに、可能なかぎり全力を注ぐ。

　芯からのペダゴジー的な教師でさえ、ペダゴジー・モデルのなかにアンドラゴジー概念のいくつかを組み込んだときに、その教授法がより効果的になったと私に報告した。例えば、学習者がより尊重され、信頼され、脅威が取り除かれ、気遣われていると感じるような雰囲気を醸成することによって、あるいは、指導のまえに学習者に知る必要性を提示することによって、学習方法と資源の選択においてかれらに何らかの責任をあたえることによって、かれらをその学習の評価への責任の共有に巻き込むことによってなどである。」と。

　ここまで検討してみると、ノールズ考え方が、まず、理論の提唱時から変化していることに気づく。具体的には、アンドラゴジーの学習過程に「(1)知る必要性と(6)動機づけ」の二つの項目が付け加えられている点である。

47

また、「もし、ある特定の学習目標という観点からみて、ある特定の学習者にとって、ペダゴジー・モデルのほうが現実的だとするならば、少なくとも出発点としては、ペダゴジー的な方策のほうが適切だということになろう。」という記述は、ノールズがペダゴジーモデルを完全に否定し排除しているわけではないことがわかる。それが、「これらのモデルは、二分法的というよりはむしろひとつのスペクトルの両端として見たほうが、おそらくより現実的であろう。」という意味である。つまり、ノールズが提唱した「アンドラゴジー・モデル」と呼ばれる成人学習理論は、「ペダゴジー・モデル」を含む、いわば、「上位の包括的概念」の理論として考えられていたことがわかる。

　このように「アンドラゴジー・モデル」の成人学習理論が、ペダゴジー・モデルを含む「上位の包括的概念」学習理論として考えられていたことは、少なくとも、わが国の生涯学習支援の世界で、これまでのノールズの成人学習理論の「一般的な紹介」や「一般的な理解」とは異なる。「ノールズ＝アンドラゴジー＝自己決定型学習（自己決定性）＝成人学習」という図式は短絡的な理解となる。

　つまり、例えば、医療従事者の育成の実践においての「経験型実習教育においては、学習者を成人ととらえ、『おとなの学び』と称される成人教育学（Andragogyアンドラゴジー）の理論に即します。上から目線で子ども扱いせず、学生にきちんとおとなとして接し、関わることが、その将来的・継続的な成長の土台になると考えるからです。」とか、「看護教育の対象は，青年期にある学生である。そのため，子どもの教育を援助する技術の学問としての教育学（ペダゴジー）ではなく，成人の学習を援助する技術の学問としての成人教育学のモデルで教育する必要があると考えられる。」というような記述は修正されねばならないということになる。

2　パトリシア・A・クラントンのノールズ批判

　ノールズの「アンドラゴジーの学習理論」、特に、学習者の「自己決定性」については数多くの議論や批判が寄せられている。その代表の一人にパトリシア・A・クラントン（Patricia A. Cranton）がいる。次に、ここでは、パトリシア・A・クラントンのノールズ批判について検討してみたい。

（1）パトリシア・A・クラントンのノールズ批判

　パトレシア・A・クラントンは、その著書『おとなの学びを拓く—自己決定と意識変容をめざして—』の「第四章　自己決定型学習をめざして」において、ノールズの成人学習理論を次のように批判する。

　「前章では教育者の役割、たとえば、教師決定型、学習者決定型、相互決定型の学習における教育者の役割について概観してきた。さまざまな学習の場面では、多少の違いはあるにせよ、それぞれにふさわしい教育者の役割があるものである。しかし成人教育者や理論家は伝統的に、学習者の自己決定を重要視してきた。」

　「自己決定型学習こそが成人教育の本質的要素であるという考え方は、学習者と教育者の双方にやっかいな、それどころか有害な経験をもたらしてきた。自己決定型の講座に『いきなり参加することになった』学習者、あるいは学習者が自己決定的であることを前提に講座を進めてきた講師なら誰でも、つぎのことに共感してくれるだろう。学習者は『教師が教えてくれる』のを〈期待〉しているということである。つまり、彼らは今までの教育経験や社会での経験から、教育の場には指示を与えてくれる教師がつきものだと思っているのである。学習者たちは、職業生活や私生活では、たしかに完全に独立した自己決定的な存在かもしれない。また、興味をもったことや趣味については喜々としで自己決定的な方法で学習を始めるかもしれない。しかし、ワークショップのリーダーや講座の講師、職員研修担当者にたいしては、自

分たちよりも豊富にもっているはずの知識を、できるだけ楽な方法で授けて
くれるよう期待する。このような期待が裏切られると学習者は混乱し、とま
どい、腹を立て、学習者としての自分の権利が無視されたと感じるのである。

　一方、成人教育者のほうでも、ここ半世紀近くの文献の中でくり返し述べ
られてきたとおり、おとなの学習者は自己決定的であるか、自己決定的であ
るのを好むか、少なくとも自己決定的になる潜在能力があると考えている。
そのため成人教育者たちは、自己決定的な方法は当然学習者に熱烈に歓迎さ
れるものと思い込んでいる。学習者に、『本当に学びたいことを学べる場を
やっと見つけることができた』と喜んでもらえると思っているのである。そ
して、このような反応が得られないと成人教育者も混乱し、とまどい、ある
いは腹を立て、この方法をすぐにでもやめたくなってしまうのである。」（入
江直子他訳、1999年）と、ノールズの理論を否定的に批判しているが、必ずし
も当たっているとは言い切れない。もう一度、ノールズの述べた「必ずしも、
教師主導型学習ならすべて悪いというわけでも、自己主導型学習ならすべて
よいというわけでもないのだ」と述べている点を思い起こす必要がある。

(2) パトリシア・A・クラントンの「自己決定型学習」

　「教育者は一般に、学習者が自己決定性を獲得してゆく中での移行期間を
学習プロセスの中に含めていない。このため、学習者がしばしば不安と心配
を訴えるという結果になる。この移行プロセスは実践者向けの文献ではほと
んど考察されていないし、研究者はそれにもましてこのプロセスに関心を払
っていない。研究者たちは、どのような人が自己決定的であるかという点や、
自己決定性がほかのどんな特性と関連しているかを見定めようとしてきたが、
自己決定的になってゆくプロセスについてはほとんどまったく検討してこな
かったのである。」

　「自己決定型学習の概念が成人教育にしめる中心的役割は、否定すること
も見すごすこともできないものである。また、この自己決定型学習のプロセ

スを経験した者、ならば誰もが同意してくれるであろうが、自己決定的な学習者であることはじつに、みずからを解き放つことなのである。教師の教えたい内容を理解しようとする努力のくり返しから、探究し成長し、そして限界を乗りこえる学習へと、学習の本質が変化するからである。」

　「自己決定性はおとなの特性とは言えない。つまりそれはおとなの安定した特性ではなく、たとえば心理的タイプのようなものでもない。学習は〈プロセス〉であり、自己決定型学習はそのプロセスを経験する方法の一つなのである。どんな種類の学習の場合でも、程度の差はあれ、誰にでもそれを始める能力があるように、一人ひとりには多かれ少なかれ自己決定型学習に取りかかる能力があると言える。自己決定型学習は他者とかかわり合うプロセスであり、その他者の一人が教育者なのである。したがってそれは、個人学習と同じものではない。そこでの教育者の役割は、自己決定型学習を活発にし、促すことである。自己決定型学習は、プロセスと同時に〈結果〉でもある。学習者が自己決定型学習をおこなう技能を身につけるときに、態度と行動の変化がともなう。そのプロセスを経た結果として、その人はその後の自己決定型の学習活動に、もっと容易に、かつよく理解した状態で参加できるようになる。そして最後に、自己決定型学習は成人教育の〈到達目標〉であると言える。」（入江直子他訳、1999年）と述べて、ノールズの成人学習理論を批判し、「自己決定型学習は成人教育の〈到達目標〉である」という見解を示している。

マルカム・ノールズ（Wikipedia.
org より）

マルカム・ノールズ著『成人教育
の現代的実践 ペダゴジーからア
ンドラゴジーへ』Cambridge、
1980年

パトレシア・A・クラントン著『おとなの学びを拓く―自己決定と
意識変容をめざして―』（日本語版と原書（Wall & Emerson, Int.
1992年）の表紙）

引用・参考文献

エドュアード・リンデマン著、堀薫夫訳『成人教育の意味』学文社、1996年。

安酸史子他『看護を教える人のための　経験型実習教育ワークブック』医学書院、2018年。

パトレシア・A・クラントン著、入江直子・豊田千代子・三輪健二訳『おとなの学びを拓く－自己決定と意識変容をめざして－』鳳書房、1999年。

マルカム・ノールズ著、堀薫夫・三輪建二訳『成人教育の現代的実践 ペダゴジーからアンドラゴジーへ』鳳書房、2002年。

マルカム・ノールズ著、渡邊洋子他訳『学習者と教育者のための自己主導型学習ガイド　ともに創る学習のすすめ』明石書店、2005年。

マルカム・ノールズ著、堀薫夫・三輪建二監訳『成人学習者とは何か　見すごされてきた人たち』鳳書房、2013年。

Malcolm S. Knowles: ″the Adult Learner: A Neglected Species（SECOND EDITION, Gulf Publishing Company, 1973年）

第4章　パトリシア・A・クラントンの「意識変容の学習」理論と学習者参加の実践

　前章において、ノールズの成人学習理論とそれに対するパトリシア・A・クラントンのノールズ批判を検討してきた。クラントンはノールズの「自己決定性」のとらえ方に対して、「学習のプロセス」としてとらえることの方が重要であるとしている。つまり、「自己決定型学習は成人教育の〈到達目標〉である。」という見解を示していた。これらの批判等を基礎にして、パトリシア・A・クラントンは「自己決定性」獲得プロセスとしての「意識変容の学習」理論の提案をする。次にその提案についてみてみよう。

1　パトリシア・A・クラントンの「意識変容の学習」理論

　「図は、意識変容の学習の一般的なプロセスを示すモデルを描いている。しかし、このプロセスは一人ひとり異なっているだろうということを忘れてはならない。それはまだ研究成果が集められておらず、ほとんど何も書かれてさえいないプロセスでもある。感情面での反応は、自己決定型学習の分析の場合と同じく、モデルに含まれてこなかったが、これから論じられていくことになろう（図4-1）。

　まずは、人生にたいするパースペクティブを形作る価値体系や前提をもっている学習者の、意識変容のプロセスから始めよう。学習者は当然のことながら社会的背景の中で生活しており、この社会的背景が少なくとも部分的に学習者のパースペクティブを作っているか強化している。その人はフォーマルな学習環境にいる場合もあれば、そうでない場合もある。

　意識変容のプロセスは、学習者の基礎的な前提に疑問を投げかける周囲の

人やでき事、社会的背景の変化などによって刺激を受ける。メジローの言葉
によれば、これは『混乱を引き起こすようなジレンマ』である (1977)。こ
の状況では、私たちの現実についての考えは、自分が今直面している事がら
と一致しない。(中略)、その問い直しが強いものであれば、それからふり返
りの段階へと進むだろう。だが、指摘すべき点は、多くの問い直しがそのま
ま見すごされてしまうということである。人が抱いている前提と価値観は根
強いものなので、何らかの方法でふり返りのプロセスに組み入れられるので
なければ、人はそれらを検討するために立ちどまることはあまりない。

　ふり返りのプロセスは、前提がまさに問い直されているのに気づくことか
ら始まり、ただ単に「そうか、そのように考えたことはなかった」で終わる
場合もあれば、人生上の危機にいたる場合もある。前提に気づくと、続いて
それらを検討していく、あるいは明らかにしようとしたり、考えたり、じっ
くり思案したりする。

　ふり返りのプロセスが教育者によって促されるならば (あるいは、学習者が
自己分析の技術にたけているならば)、つぎの段階では、まず前提の源 (もとと
なること) を、続いて前提がもたらす結果を検討することになるだろう。な
ぜそのように考えるのか。その考えはどこから出てきたのか。親が語ってき
かせたのか。学校で習ったのか。それまでの経験から生まれたのか。子ども
のときにそうしなさいと言われていたのか。それから、前提がもたらす結果
について考える。その前提を信じ続けるとどのようなことが起こるのだろう
か。その前提を抱き続けると、今の新しい状況に対処できるようになるだろ
うか。その前提がなくても今より幸せになれるだろうか。その前提となって
いる考えを自分の子どもや友だちに伝えているのだろうか。その前提は、変
化した環境の中でうまくいくのだろうか。

　このようなふり返りは、おのずから前提が妥当であるかどうかを考えるこ
とにつながっていく。以前に受け入れていた前提を問い直すことは、批判的
にふり返るプロセスを構成しており、自分自身の前提を問い直す場合、その

プロセスは自己について批判的にふり返ることとなる。前提は正しかったのだという結論になり、再び安定することもあるだろう。このようなことは、その人が変化する準備がまだできていないときに起こりうる。また、その人が通常ではない経験をしたか、二度とは起こらないようなやりとりを経験した場合にも、前提が変わらないことがあるだろ。あるいはもともとの前提がくわしく吟味されたのち、そのまま支持されることもあるだろう。

　しかしながら、妥当ではないと考えられた前提は変更される。意識変容の学習が起こるのである。前提の変更は、一人ひとりのパースペクティブ、世界観の変化につながる。そしてその結果、変化した。パースペクティブに基づいた行動が生まれてくることが多い。（中略）第四章では、自己決定型学習をめざす取り組みは、不安や怒り、憤りを生み出す場合もあるやっかいな感情面のプロセスとして述べられた。教育者と学習者の役割についてのこれまでの前提は、問い直される。意識変容の学習では、問い直しは学習者それぞれが抱いているすべての（かつ、きわめて重大な）前提にたいしてもなされるだろう。」と説明して、続いて、「図ではプロセスを客観的に示してあるが、キーンが述べた無意識の力については何もふれていない。残念ながら、学習者の反応についてもあまり知られていないので、学習者の反応はモデルに組み入れられていない。だが、意識変容の学習を探究するときは、このような見方を支持するために、あらゆる試みがなされるだろう。（図4-1）」

　さらに、「説明を進める前に、ここでの探究で使われるいくつかの用語を明確にしておこう。〈前提〉（assumption）とは、これまで見てきたように、単純に、当然と思われること、仮定のことである。（中略）、〈パースペクティブ〉（perspective）は、その人の一連の前提に基づいており、どう生きていくか、経験していることをどのように理解するかを決めるのである。（中略）、〈価値観〉（value）とは、前提とパースペクティブから生み出される。たとえばその人に受け入れられる社会的原理、到達目標、水準などである。つまり尊重するに値する何かを認知することである。（中略）、批判的なふり返りと

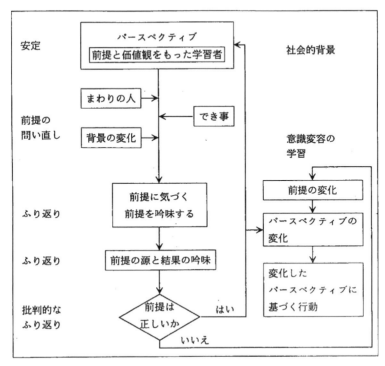

図 4-1　意識変容の学習のプロセス
出典：パトレシア・A・クラントン著、入江直子・豊田千代子・三輪健二訳『おとなの学
　　　びを拓く－自己決定と意識変容をめざして－』（鳳書房、p. 206、1999年）

意識変容の学習は、前提と価値観の両方を検討することを含んでいる。

　〈ふり返り〉（reflection）とは、自分の信念の根拠を吟味することである。
〈批判的なふり返り〉（critical reflection）とは、その人の意味。パースペクテ
ィブの前提条件が妥当かどうかを評価することである。〈自己の批判的なふ
り返り〉（critical self-reflection）とは、自分がどのように問題としたかを評価
し、自分自身の意味パースペクティブを評価することである。意識変容の学
習（transformathre learning）とは、自己を批判的にふり返る学習のプロセス
であり、その結果、意味パースペクティブがもう一度明らかにされ、自分の

経験についてもっとはっきりと包括的、統合的に理解できるようになる。学習とは、これらの洞察に基づく行動を含んでいる。」という自己の反省・省察に基づく自己意識の変容とそれに伴う自己の行動変容が「大人の学習」の在り方であるとする「意識変容の学習理論」を提案した。この考えの中では、学習支援者の役割は、「ファシリテーター」であり、学習者を「エンパワーメント」することにあるということになる。

2　生涯学習支援としての「エンパワーメント」

　行政から一方的に提供される学習に参加する受動型学習から学習者自らが主体的に学習に参加する参加型学習へと学びのスタイルが大きく変化しているのが現代社会といえる。それには、当然ながらまだ課題が山積していると考えられるが、生涯学習（教育）の当初の考え方が漸くわが国の国民レベルで現実化しつつあるともいえよう。

　厳密な意味でいうところの参加型学習とは、学習者が学習過程で主体的・協力的に参加することを促すという学習方法・手法として理解すべきであるといわれているが、その一方で、社会参加を目指すための学習―すなわち、住民が社会参加できる力をつけるための学習とも解されている。そして、その社会参加を可能にする力をつけることを意味するのが「エンパワーメント」という概念である。

　「エンパワーメント」という言葉は「能力開花」と「権限付与」とも言い換えられ、「本来持っている能力を引き出し、社会的な権限を与えること」を意味しているといわれている。1995年にいくつかの国際会議で一般化して使用され始めたが、「潜在能力の向上―その人自身を幸福にする能力と社会に貢献する能力の向上」のことを意味するものと理解されている場合もある。また、「主体的力量形成」と訳されていることもある。この「エンパワーメント」には、パウロ・フレイレの考え方が強く表れているともいわれている。

パウロ・フレイレは、「知識の一方的な伝達や詰め込みによる教育」を意味する「銀行型教育」から「現実世界のなかで、現実世界および他者とともにある人間が、相互に、主体的に問題あるいは課題を選びとり設定して、現実世界の変革とかぎりない人間化へと向かっていくための教育」という意味の「課題提起教育」への転換を強く主張した。

　これに関係して、先に検討したパトレシア・A・クラントンは、成人教育の基礎概念である「自己決定型学習」の新しい理解として、ブルックフィールドの見解を引用した後、「おとなが学習プログラムを計画する際の機械的なプロセスではなく、プロセスとふり返りを組み合わせたものがあり、それが一人ひとりを『エンパワーメント』しているのである。」と述べて、自己決定型学習を学習者が歩むプロセスとして捉え、その中で「エンパワーメント」を位置づけているのである。わが国では、男女共同参画社会形成過程での生涯学習としての「エンパワーメント」、特に「女性のエンパワーメント」等が唱えられてきているのである。

　「エンパワーメント」と関連づけて学習機会の提供を考えてみると、当然ながら、日常生活の現実的な課題を学習課題化するプロセスから主体的に学習者に参加してもらうことを図ることが重要となる。別の言い方をすると、実生活上で「困っていること」を探り、「課題性と方向性に満ちた選択する行為」を学習者自らが主体的・積極的に行い、その上で、学習活動を実践し、その学習結果を社会に還元するということである。これが、今後の生涯学習支援の一つの全世界的な方向性であるといえよう。

3　学習機会の設定における学習者の参加の実践の展開

(1) 学習機会の設定における学習者の参加

　生涯学習を進める上での学習方法・学習形態の基礎理論として「参加型学習」が注目されてきている。そしてさらに、「学習・学習方法」のみならず

「学習機会の設定」という点においても学習者の参加―「参画」が強く求められる状況となってきている。これは、ノールズの意図したところでもある。それは、成人・大人だけはなく、子どもたちも同様である。その背景には、国や地方共同体の行財政や指導のあり方の再考や国民・住民の生涯学習の理念の理解・浸透とボランティア意識の高まりなどがあることを指摘することができる。

　学習機会の設定におけるこの「学習者の参加」ということについて、代表的と思われるこれまでの実践例を振り返りながらその意味を考えてみることにする。

(2) 住民参画型の学習機会の設定―「清見潟大学塾」の実践例
　学習者が参加して学習機会を設定する場合の一つのあり方として、学習者による学習プログラム立案組織による学習プログラムづくりがある。生涯学習関連事業実施の機関・担当者以外に学習者を中心に実施予定事業の立案に参加する希望者を行政の広報等を通じて募り、公募によって集まったそれらの人びとに学習プログラムづくり―学習機会の提供―をしてもらうという考え方である。この場合に、学習予定者・過去に同様な事業を学習した人・講師・指導者に参加してもらうこと、さらに、この企画に参加した人びとに当該学習事業に実際に学習者として参加してもらうことなどが重要な要件とされている。そして、この段階を越えたものの一つで、住民が企画し指導者・講師を公募し、受講者を集め、受講料は受益者が負担するといういわば「住民立の生涯学習機関」である。その先進的で典型的・代表的な事例が静岡県静岡市（旧清水市）の「清見潟大学塾」といえよう。
　「清見潟大学塾」は、福祉や医療でない高年齢社会への対応策の一つとしてとして1984年（昭和59年）に設立された生涯学習団体である。どんなことでも、いつまでも制限なく学べる学習機会を住民が主体となって行政の支援と身近な社会教育施設である公民館を利用して提供・展開している活動であ

る。

　「遊び心で大学ごっこ」をモットーに「市民が学習意欲のある限り、生涯
学び続けることのできる場を提供し、その学習を通じて市民の生きがいを高
め、健全なまちづくり、人づくりに貢献する」ことを目的にしてここでの学
習機会の提供と活動は同市内の高年齢者の人びとの手によって始められた。
市内各地に点在する10以上の公民館を会場にして毎年100講座以上の学習活
動が行われている。同大学塾の運営は、市内在住の高年齢者が行い、開講講
座の内容は「着物の着付け」をはじめとして「健康リズム体操」「カウンセ
リング」「中国茶」等に至るまで様々で、必要な要件を満たせば「若年者」
や「過去の学習者」が講師になって指導する場合もみられるのである。講座
の講師と受講生は公募によって行い、10人以上の受講生が集まると開講とな
り、受講生が多ければ同一講座の数を増やして対応するということになる。
また、各講座の運営・管理も講座の講師・指導者が行う。また、講座に対す
る評価は受講生自身が行っている。受講のための費用と塾全体の運営費は学
習者の自己負担であり、行政は20万円程の物品的な補助や広報活動による活
動案内・会場提供をしているだけである。さらに、講座に対する評価とも関
連して、受講料全額返済のクリーニング・オフ制度などもあり、市場原理を
導入しているという点でも現代的・先進的な地域ぐるみの住民参画の学習機
会の提供活動といえる（岡本包治、1999年）。

　ここでは、学習機会の「企画・運営者」と「学習者」という双方の立場と
して一人の住民が同時に参加できる状況がみられるのであるが、このような
場合について、田中雅文は「需給融合型の学習機会」が成立しているという
見解を示している。

（3）個人による個人のための独自の学習機会の設定—「学習メニュー方式」
　　の実践例
「清見潟大学塾」は、生涯学習活動団体による学習機会の設定であるが、

各個人による自分自身のための独自の学習機会の設定ということも考えられる。その典型的な事例が群馬県太田市で実践された「学習メニュー方式」である。この方式が開発された背景には、住民の学習要求の多様化・高度化、行政負担の軽減化と学習援助行政の充実、ボランティアの養成・活用があったといわれている（実務教育出版、2001年）。

　あらゆる学習機会から学習者が自分の条件に沿って学習内容を主体的に選択して学習する、簡単に言えば、「生涯学習レストラン・食堂」における「定食Ａ・Ｂコース料理」方式から「バイキング料理」・「アラカルト料理」方式への転換である。この発想は、学校教育、特に大学等の高等教育機関で学習者が該当学年はじめにその年度用に用意されたカリキュラムの中から自分自身の興味や関心、学問の専攻領域、取得資格、卒業要件等を考慮して各個人が独自に時間割を組むこととほぼ同様なものとしてイメージできよう。この方式では、学習機会の提供と関連して、学習者自身の明確な目的意識や自覚と学習情報並びに学習相談とが非常に重要な働きをする。

　このような考え方を市町村域や社会教育と学校教育、さらには公的な教育事業と民間教育事業といった枠組みを越えた学習機会の提供として応用したものがいわゆる「生涯大学システム」と位置づけることができる。

　このシステムついては、実際には「県民カレッジ」などと呼ばれる生涯大学システムの事務局に都道府県・市町村・大学・民間教育機関・本・ビデオ・放送教育などの提供する学習機会を登録させ、それらの一覧を「学習メニューブック」として提示し、学習者はそこから自分の目的や条件に合った学習機会を選択・学習し、単位・資格等を取得し学習成果の評価を受け、その学習歴を活かして社会のいろいろな場面で活躍してもらうものと説明されている。「学習メニュー方式」と同様に基本的な学習機会の設定ということではやや「他人任せ」という感はぬぐい去れない感があるが、学習機会の「選択」とその成果―すなわち「学習履歴」をもとにした社会参加という意味での主体的な「学習者の参加」が可能となる生涯学習支援システムである。

4　学習者の特性を考慮した「生涯学習支援」の学習理論と参加型学習の生涯学習実践の展開の課題

　第3章並びに第4章において、学習者の特性を考慮した「生涯学習支援」の学習理論と参加型学習の生涯学習実践について検討してきたが、最後に課題についてまとめてみたい。

　第一に問題としたいことは、ノールズの成人学習理論の理解・解釈である。先に、すでに述べているが、1978年発行の "The Adult Learner: A Neglected Species"、Second Edition（Gulf Publishing Company, 1978, p. 55）に示されていることが象徴していると思えるのだが、ノールズ考え方が変化していること、そして、具体的には、アンドラゴジーの学習過程に「(1)知る必要性と(6)動機づけ」の二つの項目が付け加えられていることや変化したアンドラゴジーの学習理論では、「アンドラゴジー・モデル」はペダゴジー・モデルを含むいわば、「上位の包括的概念」理論として考えられていたことである。

　アンドラゴジーの学習理論が、ペダゴジー・モデルを含む「上位の包括的概念」学習理論として考えられていたことは、これまでの「一般的な理解」とは異なる。その意味で、従前のノールズ批判をも考え直す必要がある。ノールズの「アンドラゴジーの学習理論」を理解するうえで、先の「図 3-1」は非常に重要な意味を持つと思われる。

　第二に、学習機会の設定において学習者の参加についての課題である。生涯学習（教育）支援における考え方、特に、学習機会の設定において学習者の参加を求めた主張が当たり前で現実化している。しかし、その過程の中で、例えば、カルチャーセンターが提供する学習機会を振り返ってみると、1970年代中頃までのお茶・お花・お料理の「三点セット」定番講座から1990年代中頃までの「趣味と教養のデパート」へと変化し、1995年頃以降フラワーアレンジメントやIT を始めとする新しい流行へと変化した。そして現在、流動的な多種多様な学習者のニーズに対して学習機会の提供が「暗中模索の時

代」となってきた。この変化は、簡単にいえば、伝統文化・生きがいの習得から職業能力・技術の習得への変化ということになる。そして、そこに、市場原理の導入やNPOの積極的な参加や教育産業・スポーツ事業などの影響も加わり、いい意味でも悪い意味でも過去のアメリカで展開されたような学習機会の提供者同士の競争が生じたり、「社会人・職業生活の理論」でも新しい考え方が登場してきたりしている。

　最近では、子たちたちが、将来「YouTuber」になるために、パソコンやカメラを使って動画を撮影し、ユーチューブに動画をアップロードする方法を学んだり、「プロ・スポーツ選手」として活躍できるようになるために様々な高度で専門的なトレーニング受けたりする学習の機会が有料で提供されている。正しく最新の生涯学習支援の変化の一端である。

　「未来学者のアルビン・トフラーが言うように、二十一世紀のリテラシー（識字能力）とは『読み書きそろばん』能力ではなく、『学んでは、それを捨て、また学び直す（learn, unlearn, relearn）』ことのできる能力のことであるのだろう。生涯学習などどと気安く言っていたころが懐かしい。本当にそれをやらなければならないとなると、大変なことだ。それは、コンテンツを解体しては統合し、また解体していく永久運動にほかならないからだ。(中略)コンテンツ解体ばかりが謳歌する世の中、コンテンツ統合屋のほうのビジネスモデル、いやヒューマンモデルはいつ登場するのか。」と述べられていたが、このコンテンツの解体と統合を成すものの一部が生涯学習支援ということになる。そして、そこに、「社会教育主事」やこのたび新しく登場してくる「社会教育士」に対して求められる新たな社会的な役割の一つがあると考えられる。

　しかしながら、コンテンツの解体と統合を行う場合に、「こんにちほど"手作り"の学習計画が要請されている時代はない。社会教育職員やボランタリーな市民が、市民たちの学習計画づくりにめんみつなアドバイスを行ない、市民たちに自己評価をすすめていくという努力が加わった学習プログラ

ムとそうでないプログラムとの間にはかなりはっきりした落差が発見される
のである。その意味で、数多くの学習の機会をつくることよりも、市民たち
が学習する機会を手のこんだものにしていくことの方がより重要なこととい
えるのではなかろうか。」（岡本包治、1977年）という四十年も前に述べられた
主張、つまり、「生涯学習支援では、量より質を考えて支援することが大切
である。」ということを生涯学習支援者は今再びかみしめる必要性があるよ
うに思えるのである。

引用・参考文献

生涯学習政策局社会教育課『社会教育主事養成の見直しについて　平成30年1月～
　　2月　社会教育主事講習等規程の一部改正に関する説明会　配布資料』マルカ
　　ム・ノールズ／堀薫夫・三輪建二訳『成人教育の現代的実践　ペダゴジーからア
　　ンドラゴジーへ』鳳書房、2002年。

パトレシア・A・クラントン／入江直子・豊田千代子・三輪健二訳『おとなの学び
　　を拓く―自己決定と意識変容をめざして―』鳳書房、1999年。

諸岡和房「Ⅰ　生涯教育の考え方　Ⅱ　生涯教育の機会」村井実・森昭・吉田昇編
　　著『市民のための生涯教育』日本放送出版協会、1970年。

市川昭午・天野郁夫編著『生涯学習の時代』有斐閣、1982年。

倉内史郎編著『社会教育計画』学文社、1991年。

倉内史郎・鈴木眞理編著『生涯学習の基礎』学文社、1998年。

岡本包治編著『生涯学習プログラムの開発』（現代生涯学習全集4）ぎょうせい、
　　1992年。

田中雅文著『現代生涯学習の展開』学文社、2003年。

岡本包治著「『清見潟大学塾』（清水市）の研究―講師公募制の『住民立の生涯学習
　　機関』の実態について―」全日本社会教育連合会編『社会教育』全日本社会教育
　　連合会編、1999年。

㈱実務教育出版編『第Ⅲ単元　学習メニューと学習プログラム』（生涯学習指導者
　　養成講座　生涯学習ボランティアコース［テキストブック］）実務教育出版、
　　2001年。

浅井経子編著『生涯学習概論』（新図書館情報学シリーズ1）理想社、2002年。

白石克己・金藤ふゆ子・廣瀬隆人編著『学習プログラムの革新―学習者がつくる学

びの世界―』ぎょうせい、2001年。

パウロ・フレイレ（Freire, P）著、小沢勇作・楠原彰・柿沼秀雄・伊藤周訳『被抑圧者の教育学』亜紀書房、1979年。

関口礼子・小池源吾・西岡正子・鈴木志元・堀薫夫著『新しい時代の生涯学習』有斐閣、2002年。

岡本包治著『生涯学習活動のプログラム』全日本社会教育連合会、1998年。

山本思外里著「まえがき」『大人たちの学校』（中公新書1602）中央公論新社、2001年。

船橋洋一著「（連載524）船橋洋一の世界ブリーフィング―どこまでいくの、コンテンツ解体　本も授業も大学も試験もネット化」『週刊朝日』（第105巻第37号通巻4397号）朝日新聞社、2000年。

岡本包治著『社会教育における学習プログラムの研究』全日本社会教育連合会、1977年。

シャラン・B・メリアム／立田慶裕他訳『成人学習理論の新しい動向』福村出版、2010年。

赤尾勝己編著『生涯学習理論を学ぶ人のために―欧米の成人教育理論、生涯学習の理論と方法』世界思想社、2004年。

鈴木眞理編『社会教育と学校（シリーズ・生涯学習社会における社会教育)』学文社、2003年。

鈴木眞理編『社会教育計画の基礎』学文社、2004年。

佐藤晴雄・望月厚志・柴田彩千子著『生涯学習と学習社会の創造（講座現代学校教育の高度化)』学文社、2013年。

第2部

生涯学習・社会教育の歴史的・社会的基盤

第5章 「前史」としての通俗教育・社会教育

　明治維新直後、政府は西洋列強に追いつくべく「富国強兵」と「文明開化」を基本政策として「学制」を制定した。1872年に発布された「学制」は、中央集権的な教育を「学校」によって実現させようとするわが国最初の近代学校制度に関する総合的な基本法令であった。しかし、第二次世界大戦の敗戦にいたるまで、初等教育の就学率は低く、進学する者もきわめて限られていた。小学校や上級学校では青少年を国家教育の手の中に置いておけるものの、卒業後、一般社会に生活する国民を如何に思想善導するかはこの時期の大きな課題であった。

　一方、全国のほぼ全ての農山漁村には「民衆の学び」の場として若者組や娘組と称される年齢階梯集団など民衆の自治的な学びの集団が長い歴史の中で維持されていた。

　明治以降の通俗教育・社会教育の歴史は、民衆の間に維持されていた「自治民育」的な「民衆の学び」を、国家が管理できる「官製教育」の中にどのように取り込み、「富国強兵」を支える教育制度としてどのように構築するかという歴史でもある。

　ここでは、明治以降第二次世界大戦の敗戦に至るまで、わが国の「民衆の学び」が学校以外でどのように行われ、また学校以外の場での「民衆の学び」がどのように「国家教育」「官製教育」として国にからめ取られ組織化されていったのか、その過程を振り返ってみることにする。

1　明治前期

　明治という時代は、江戸時代までに形成されてきた政治制度から文化生活の様式にいたるまですべての「旧弊」を崩しながら新たな文明を作り上げるという課題に迫られた時代であった。この「文明開化」にむけて、国家が人々の精神の混沌の中から新たな社会・文化の型をどのように造り上げるかという課題に迫られた時代でもあった。最終的には教育勅語にみられるように天皇制という国家体制の枠によって解決が図られることになる。

　時代の課題に「学び」を通して先ず取り組む事が期待されたのが学校教育であった。その学校教育がある程度整えられたあと、学校教育とともに時代の課題を解決すべく、一般民衆の教化統合の手段として立ち現れたのが通俗教育・社会教育であった。しかし、「通俗教育」あるいは「社会教育」という用語が官製用語としてわが国の教育史の上に現れてくるのは明治20年ころのことである。それ以前にも1879年に福沢諭吉は「空論止む可らず」という一文の中で、学校教育以外の、社会における実際生活から得られる教育的効用を「人間社会教育」と表現しているが、これなどは社会教育という語の使用としてもっとも初期のものである。その後も交 詢 社（常議員会長福沢諭吉、常議員副会長西周）の機関紙『交詢雑誌』1883年にも、実社会において人間が成長していくことを「社会教育」や「社会ノ教育」という言葉で表している記事は散見されるものの、実質的な意味を付与されて展開されるのは明治20年に入ってからである。

　維新当初、維新政府は大教宣布運動といわれる皇国思想に基づく天皇中心の国民教化運動を展開した。全国に教化網を構築し、宣教使や教導職を派遣して国民教化を図ったこの運動は、教育の近代化、西洋化の方策に道を譲り消えていく。

　こうした復古的な国民教化の流れが消えていく一方で、近代的啓蒙主義的な社会教育運動とも言える国民教化運動が展開され、日本の「啓蒙期」とい

われる時期が出現する。明六社に代表される啓蒙結社が、政治や外交、教育など幅広い分野にわたって言論著作出版活動を展開し、「当時の一般人民の知的解明にきわめて大きな力をもった」といわれる。福沢諭吉は演説会を創始し、また自由民権運動の流れの中で政治演説会が盛んに行われるのもこのころからである。これにより国民は社会的政治的意識を醸成されていくことになる。

　また、政府は1872年、書籍館（図書館）、博物館、博覧会などの施設を開設した。とくに書籍館は1879年の教育令第一条に明記され法的に位置づけられた。第一条に書籍館を明記することに尽力した文部大輔田中不二麿は、書籍館を「勉メテ人民ノ志好ニ投シ以テ社会ノ文運ヲ振興スル」ためのものと位置づけ、公立書籍館の充実を諸方面に訴えている。

　しかし、こうした文明開化の流れを押し進めようとする自由民権運動は徐々に革命的な高揚を見るにいたり、そうした状況に危機感をつのらせた政府の教育・文化政策に揺り戻しをもたらした。文部省が推進してきた啓蒙主義的政策に対する強力な批判が形づくられ、自由民権運動による状況は、国政運営上の支障というレベルを超え「国難」との認識とともに危機感を以て受け止められ、一般社会にある「愚民」をいかにして教化していくかその対策を急がせることとなった。対応策として新聞紙条例、讒謗律、演説取締令、集会条例が交付され、思想・言論の取締りが行われることになった。社会教育分野では図書館行政にあらわれた。1882年文部省は地方学務官を招集した会議において、従来の「遠大該博」を目的とする学術優先の図書館ではなく「通俗近易ノ図書を備存シ」て「読書修養ノ気味ヲ下流人民ニ配与」するための通俗書籍館の設置を強く促した。また同年東京師範学校、東京女子師範学校等に対して、「苟モ国紀ヲ紊リ風俗ヲ壊ルノ嫌アル」図書については、その閲覧を禁止することを求める文部省達を発し、図書館に蔵する書籍の取締りを始めることとなる。このような流れは学校教育以外の分野においても「下流人民」の思想を善導するという国民教化の流れを加速させた。

明治初期にあっては、あれほど開明的な方針を説いた福沢においてすら「愚民品行を維持し」「一国の人心を収攬して風俗を興す」ために宗教による「愚民」の教化を主張するようになる。

　自由民権運動の高揚がやがて国体の破壊や既存の価値意識の否定へと進むことを危惧した守旧派は、それを未然に防ぐ手だてとして天皇の権威をもって臨むこととした。その延長線上に「教育に関する勅語」の発布（1890年）がある。

2　明治後期

　社会教育の分野において日露戦争（1904年2月～1905年9月）は一つの画期である。日露戦争以前においては制度政策史的にとくに見るべきものはなく、1885年の文部省通達において学務局第三課の事務所管に「通俗教育」が字句として初めて規定され、以降、数次の文部省官制の改正に際して、普通学務局の所掌事務として「通俗教育ニ関スル事務」があげられているものの、施策として行われたことが確認されたものはとくにみあたらない。民間にあって山名次郎の『社会教育論』（1892年）が刊行され、国家教育としての義務教育に協力する社会教育、風紀維持のための社会教育、社会主義思想防止の社会教育が説かれているくらいである。

　そうした状況が一変するのは日露戦争以降のことである。日露戦争は、日清戦争などそれまでのどの近代戦争ともその様相を異にした戦争であった。大兵力同士が、機関銃や野戦重火砲をはじめとする新式火器を駆使し、長期にわたって戦われた戦争である。開戦と同時に軍を驚愕させたのは、予想をはるかに超える兵員の「損耗」であった。緒戦の南山をめぐるわずか一日の戦闘で、日清戦争の全死傷者に匹敵する損害を出したことに陸軍は愕然とせざるをえなかった。それ以降も死傷率20～30％を超える戦闘が繰り返され、中には全滅する部隊もあった。「損耗」を補うために、国内では絶えず補

充・臨時の招集が繰り返され、開戦間もない1904年9月には予備役・後備役そして教育招集を経た第一補充兵役の在郷軍人は払底し、陸軍は補充兵を確保するために徴兵令を改正し、後備役年限をそれまでの5年から倍の10年に延長せざるを得ない状況にまで追い込まれていた。

　巨大な消耗戦となった日露戦争を「辛勝」に導いたもの、それは現役兵が組織する常備軍であり、また「地方」（軍官僚は一般社会をこう呼ぶ）にあった予備役・後備役の軍人、いわゆる在郷軍人と「地方」民の「後援」であった。動員兵力の過半を占めたのは在郷軍人であり、「地方」民は、活発な銃後後援活動を展開し戦争遂行を支えた。窮余の策に窮余の策を重ねて遂行したこの戦争で政府が得たものは、将来の戦争は在郷軍人と銃後後援の如何により勝敗が決するという認識であり、同時にそれは、戦後経営への教訓でもあった。質の高い在郷軍人の確保、そして銃後を支える国民を「忠君愛国」へと精神的に統一すること。とくに軍の戦後経営の課題は明確であった。

　在郷軍人と「地方」民の「後援」として政府・軍が注目したのが、日露戦争開戦とともに日本各地で活発に展開された、軍のために金品を集め、また戦地に慰問品を送る恤兵活動、そして徴兵を前にした青年たちの壮丁準備教育である。とくに軍が注目したのは「地方」民である青年たちの広範な学習活動である。地方独自に自発的に展開された以下に紹介するような学習活動に注目した内務省は、終戦直後の1906年、各府県に「戦時中ニ於ケル事績調べ」を命じる。それに対する各府県からの報告には活発な銃後活動が報告されている。

　埼玉県北足立郡では「壮丁無学ニシテ入営スルトキニハ軍隊教育ノ熟達ヲ遅緩ナラシムルノミナラス軍事活動上欠クトコロアルヘキヲ慮リ」「此等目ニ一丁字ナキ者ニ対シテハ入営前ニ於テ相当教育ヲ施スノ必要ヲ説キ彼等生業ノ閑隙アル時即チ夏季日中ノ休憩時間又ハ雨天ノ日若クハ夜間ヲ利用シテ各小学校ノ教員ヲシテ本人ノ住所姓名其他平仮名片仮名等ヨリ進ミテハ日常必須ナル文字文章簡易ナル加減乗除ノ算法等ヲ教授習得セシムルコト」を

訓令し、これに呼応して23の学校で138人が講習を受けた。

　また同県北埼玉郡では「壮丁講習」を奨励したところ48町村のうち45町村が実施した。期間は最低3日から最高30日までまちまちであるが全壮丁1526名のうち54.3％にあたる828名が農繁期にもかかわらず参加した。参加者の「学術程度」は中学程度が34名、高等小学校程度が217名、尋常小学校程度が475名、「無教育」が217名である。

　報告書には全国の銃後活動の青年の学習状況が詳述されているが、注目すべきは「壮丁講習」の内容の多くが、軍事的訓練ではなく「青年ノ温補講習」として実施されていることである。その間の事情を埼玉県北足立郡の報告は次のように綴っている。

　　青年ノ温補講習
　　小学校卒業者又ハ中途退学者ニシテ実業ニ従事セルモノニ対シ其既ニ修
　　習セル学徳ノ温補教育ヲ施シ以テ教育ノ効果ヲ完全ナラシムルニ努ムヘ
　　キコトハ実ニ緊要ノ事タルト雖モ従来之カ施設ヲナセルモノ誠ニ寥々タ
　　リシヲ以テ時局ニ際シ国民斉シク教育ノ必要ヲ覚得セルノ機ニ乗シ特ニ
　　三十八年六月小学校長ヲ招集シテ学校ノ休業日又ハ夜間等ヲ利用シテ此
　　等青年ノ補習教育ヲ施スヘキコトヲ訓示シ益々奨励ヲ加ヘタリシカ爾来
　　各小学校ハ続々之カ施設ヲ作リ同年十月迄ニ之ヲ実施セルコト左ノ通リ
　　施設学校数　　二十六校
　　講習人員　　　五百六十五人

　これまで、青年団（会）や処女会なども巻き込んだ夜学会はほとんど人が集まらなかったが、この戦時下にあってにわかに初等教育の補習教育は活況を呈する事となったのである。その背景にあったのは、目に一丁文字なきまま戦地に赴けばさまざまな不利が生じるとの恐れである。何よりも家族に向けて自分の消息を伝える軍事郵便葉書を書くことすらできない。そこで先ず「書簡文ノ練習ヲ主トシテ総テ実用的ノモノヲ授ケタ」のである。また、徴兵検査の当日に身体検査に先立ち、壮丁一人ずつ「教育調査」が行われてい

ることが青年たちを「温補講習」に向かわせた。試験官は郡視学や小学校長があたり、壮丁は学歴に応じた問題に口頭で答えるという方法で実施された。徴兵検査で学力試験が行われるという事実は、壮丁にその成績が入営後の昇進も含めた兵営生活に影響を与えるのではないかという危惧を抱かせたことは想像に難くない。また、郡や町村等の行政の側には学力検査の結果が行政当局の名誉にかかわるという危惧もあった。こうしたことを背景に、戦争終結後も、町村長や小学校長を指導者にして夜学会や補習教育等の活動を、それ以降も続けさせることとなったのである。

こうした銃後活動も生みながら終戦を迎えた日露戦争後の社会状況は極端に悪化した。戦争により疲弊した農村では小作争議が頻発し、都市では社会主義運動が活発化した。社会状況の悪化を防止するには天皇の威光に頼るしかないとして1908年、戊申詔書が発布された。内容は、「忠実業ニ服シ勤倹産ヲ治メ（中略）醇厚俗ヲ成シ華ヲ去リ実ニ就キ荒怠誡メ自彊息マサルベシ」と国民の在り方を述べ、今後さらに国民が一致協力して国運の進展を図るためにも、「爾臣民其レ克ク朕力旨ヲ體セヨ」と命じるのである。

戊申詔書はわが国の社会教育史の上で重要な意味を持っている。詔書発布以降、国民教化統合のための社会教育的施策がさまざま展開されたのである。全国各地で詔書奉読式が行われ、納税完遂・勤倹貯蓄・町村基本財産造成・農事改良・風紀改善などを目的とした地方改良運動が、内務省・文部省の指導により行われた。

戊申詔書発布の翌月、「富国強兵」にむけた組織的な国民教化統合運動の中心機関として帝国在郷軍人会が創設され、約百万人の会員を擁して活発な活動が展開されることとなった。

日露戦争後、軍は全力を傾注して「地方」の教化統合に乗り出していた。「良兵則良民」。それが軍の展開する「地方」教化統合の当初の理念であった。軍隊を「国民教育の完成機関」「国民教育の学校」と位置づけ、「地方」の青年をその軍隊での教育により、高い戦闘能力と確固たる「忠君愛国」の精神

を具備した「良兵」すなわち「国民の儀表」「国民の最良模範」に練成する。その上で、その卒業生たる在郷軍人（良兵）をもって地方教化統合の任にあたらせる。これが、「富国強兵」への「要道」とされた。

　この「良兵則良民」という教化統合の理念は、軍に限らず広く時の政府に支持された教化統合の理念であった。しかし、この「良兵則良民」という教化統合の理念は、1912年ころから「良民則良兵」と逆転する。このころから帝国在郷軍会の機関紙である雑誌『戦友』の記事や論文の内容には明らかな変化が現れる。それは徴兵検査を受ける年齢（壮丁年齢）以前の青年、あるいは青年団（会）に関するものが多くなることである。その論の対象は、おもに小学校卒業後、上級学校に進学せず実業に従事する「地方」青年、それも壮丁前の青年団（会）員であることが多い。すなわち軍の関心は在郷軍人だけではなく壮丁前の青年にも広がった。さらに言えば、壮丁前の青年に関心が移ったと言ってよい。「良民則良兵」という語が登場し、相前後して壮丁前の青年の教育が盛んに論じられるようになったのである。

　「社会実務教育を一層適実する事が愁眉の急」とする認識は当局の一致した認識であった。教化統合の対象は青年団（会）に絞られていく。

　1915年９月15日、内務文部両省大臣連名で「青年団ノ指導発達ニ関スル件」が訓令として出された。さらに同日、両省次官名で「青年団体ニ関スル件」が通牒された。この訓令と通牒で重要なのは、第一に青年団を修養機関と規定したこと、第二に構成員である団員の最高年齢は二十歳を「常例トスルコト」としたことである。これにより、青年団（会）がもっていた「妻帯前のムラの若者集団」としての性格は根底から破壊され、徴兵検査の年齢である最高年齢を二十歳とする、軍隊に、さらには除隊後に加入が認められる在郷軍人会に直結する教化統合機関が出来上がることとなったのである。

　この訓令と通牒もまた戊申詔書と同様わが国の社会教育史上大きな意味を持つ。

　もともと日本の自然村（ムラ）のほとんどには青年を「一人前」に仕上げ

るため、またムラを維持するための年齢階梯集団があった。地方、地域によって男子の組織の名称は「契約組」、「一網」、「一統」、「若衆」、「若者」などさまざまであったが、後年これらを総称して「若者組」と呼ぶ。多くは13歳から15歳で加入し結婚とともに脱退して「壮年組」「おやじ組」などと呼ばれた組に入ることが多かった。そのため下は13（15）歳頃から上は30歳位までの未婚者で組織され、年長者が「頭」になることが通例であった。該当年齢の男子全員が加入する地域から、一戸から一人だけ加入する地域までさまざまであった。年齢による序列が強固な組織であり、そのなかで、ムラで生きていくためのさまざまな「ならい」が行われ、一人前になっていった。「宿（寝宿）」をもち、加入とともにその「宿（寝宿）」で夜を過ごすしきたりの若者組も少なくなかった。また、「契約組」の名称にみられるように、入会とともに年長者と「義兄弟」の契約（契り）を結ぶ地方もあるなど、その関係性は強固であった。そのムラにあった若者組が、村落の統合などによって行政村ができる過程で統合され「青年団（会）」などと名称も変化していった。男子ほど多くはなかったが、女子も「娘組」などと称されたものがあり、これも「女子青年団（会）」などと名称を変えて維持されていた。

　1915年の内務文部両省連名での訓令と通牒は、こうしたムラ社会が営々と維持してきた民衆自らによる「自治民育」的な性格をもつ青年団（会）を根底から破壊するものであった。加入年齢が二十歳を上限とするとされたことにより組織は分断された。また、最年長者が勤める事が通例であった団（会）長は、この通牒と訓令以降、組織構成員ですらないその土地の小学校の校長が「当て職」として就任することが増加しやがて通例となった。ムラの自治の中にあった若者組、そして青年団（会）はこうして、国民教化の手の中にからめとられていくことになったのである。

　小学校長が団（会）長となったのには別の意味があったとも考えられる。明治初期には、若者組を母胎とした夜学が全国に作られ青年夜学会などと称された。初等教育を卒えた若者の学びを支えるために小学校教員などが読

書・識字・算術・時事問題などを教えた青年夜学会は、やがて1893年に実業補習学校規定が制定されたことにより実業補習学校のなかに解消されていく。実業補習学校は、小学校教育の補習と簡易な職業に関する知識技能を授けることを目的とし、教科目は修身・読書・習字・算術及び実学とされ、年限は三年以内とされた。就学者が勤労青年であることから、授業は日曜・夜間・季節を認めるなど修業期間や授業時数などに土地の状況や勤労青年の状況に合わせた「融通」が認められていた。そのほとんどが小学校に「間借り（併設）」する形で設置されていたのである。小学校長が団（会）長となることで、その「融通」性、合理性は高まったとみてよい。

　日露戦争まで、実業補習学校の就学率は政府が期待した数値に遠く及ばなかった。しかし、日露戦争の勃発とともに、先にみたような「初等教育に対する需要」、「学習意欲の高まり」が事態を一変させる。実業補習学校は日露戦争後に著しい量的発展をとげ、1912（大正１）年には学校数7,386校、生徒数346,767人となり、大正８年には13,338校、914,731人にまで増加した。中でも農業補習学校の発展は著しかった。その背景には地方農村においては、明治40年代より展開されていた地方改良運動のなかで、青年団体と結びつけて補習教育の振興がすすめられていたことがあった。こうしたなかで、先の内務・文部両省の訓令と通牒のなかで青年団体指導の方針が示され、公民育成のためには補習教育が極めて重要であることが謳われたのである。こうした状況が相まって、小学校卒業から二十歳までの勤労青少年に対して、実業補習教育は義務教育的に与えられるべきであるという考え方が広くいきわたるようになった。

　日本は日露戦争を契機として帝国主義国家に転化していった。しかし、戦後の農村をはじめとする社会の疲弊は甚だしく、いかにして思想の悪化をくい止め思想善導するかは戦後経営の中心課題であった。体制的危機を克服するためのイデオロギーとして報徳主義が国家的規模で重用された。

　日露戦争直後、1905年11月、官界・財界・学界の代表者の発起により「二

宮尊徳翁50年記念会」が開催され、尊徳の教えこそが「戦後経営」における
指導理念であると謳われた。尊徳が説いた「至誠」、「勤労」、「分度」、「推
譲」、「積小為大」「一円融合」などの改革理念のうちとくに「分度」、「推譲」
の理論は、資本対労働や地主対小作の階級対立関係を緩和する階級協調の思
想として重視された。また独立自営の精神がことのほか重視された。地方改
良運動の中心的推進団体として全国に県・群・町村を単位とする「斯民会
(報徳会)」が創設された。

　地方改良運動のなかで、帝国在郷軍人会が設立され、青年団、婦人会、斯
民会（報徳会）などが飛躍的に数を延ばしていったことは当時の社会教育の
持つ「官製教育」という意味を考える上で注目されるべきでことである。

3　大正期・昭和期

　報徳会は青年の組織化をはかるために1916年1月、中央報徳会青年部を創
設し、11月にはそれが独立して青年団中央部と改称された。青年団中央部は
活発に活動を展開し、1918年には第一回全国青年団連合大会を主催し、その
後、明治神宮造営工事への勤労奉仕や全国青年団明治神宮代表者大会、全国
の青年団員の拠金により日本青年館を設立（1921年）するなど、青年の全国
的な交流と協力を通して全国の団体の糾合と連合化の道筋をつけた。1924年
には大日本連合青年が創設された。女子青年団についてもその組織化がす
すめられ1927年には大日本連合女子青年団が結成された。全国組織となった
この二つの青年団体は、優良団体・団員の表彰、指導者の養成、研究会・協
議会・展覧会の開催、雑誌・図書の発行など活発な啓蒙活動を展開し「時局
運営」の一翼を担った。さらに満州事変以降になると事業は「満州」への農
業移民政策に協力する満蒙開拓青少年義勇軍の派遣、産業報国運動、献納運
動など軍事的傾向を強めた。1941年には大日本青年団（団員約294万人）、大
日本連合女子青年団（同約150万人）、大日本少年団連盟、帝国少年団協会（同

約60万人）の四団体を解体統合して大日本青少年団が結成された。目的は
「高度国防国家体制建設ノ要請ニ即応セシメル為ニハ青少年団体ヲ統合シテ
学校教育ト不離一体ノ下ニ強力ナル訓練体制ヲ確立スル」こととされた。

　一方、日露戦後の経済更生運動の中心機関の一つに据えられ、大正期に量
的な発展をみた実業補習学校は、1935年、青年学校令の公布により、青年訓
練所と統合されて青年学校となった。青年訓令所は1926年に陸軍省と文部省
との協力の下で設立された勤労青少年を対象とした軍事訓練に重点を置く教
育機関であったが、実業補習学校と就学者が重なりあうこともあり、統合が
企図されたのである。

　青年学校は12歳から19歳までの青年の約八割五分を占める勤労青年を国家
の管理の下におく制度でもあった。青年学校が創設された翌年1936年、当時
文部省社会教育官でもあった倉橋惣三が「青年学校は青年一人々々を教育す
る任務の他に、一人々々を確乎たる国家的教育帳簿の中に記入する任務をも
つのである」と明言したように、他の学校に就学していない青年を国家管理
の下に置くことが創設青年学校の主要「任務」であった。教授及訓練科目を
青年学校の本体である本科についてみると、男子には職業科と教練科が、女
子には職業科と家事及裁縫科が重点的に課せられており、特に男子の教練科
は第一、二年の教授及訓練時数各210時間のうちその三分の一の70時間が、
第三、四、五年にあっては180時間のうち実に70時間が教練であった。しか
し、その青年が勤労者であるがゆえに彼らを青年学校制度によって管理する
ことは容易ではなかった。とくに都市部の就学率が低いことが問題であった。
そこで、1939年に青年学校は義務化された。義務化されたことにより、都市
では私立青年学校が工場事業場に急増し、公立青年学校でも生徒数が増加し
た。

　先に見た1941年に創設された大日本青少年団は「青年学校と表裏一体の関
係に立つ、謂はば（中略）青年学校の校外教育機関」として創設されたので
あり、単位団は、各青年学校を基礎に組織された。青年学校生徒は青年団員

となり、青年学校長は青年団長として彼らの校外生活をも指導監督することとなった。

　青年学校生徒の校外活動を青年団員として組織することによってめざされたものは、男子にあっては「身体も強く常識も豊かな強兵の卵を造る」ことであり、女子にあっては「男子の協力者として健康で実質的な日本女性を造る」ことであった。

　青年学校の義務化は男子に限ったことであったとはいえ、これにより青少年を小学校入学以降、徴兵の前年まで校外生活―学校教育のみならず、社会教育（青年教育）をも含めて国家の手の中に置くという世界的にも類例をみない「公教育」制度が成立したのである。

　これまで見てきたように、「ムラ社会」（地域社会）の中にあった「一人前」にする教育の仕組みはわが国の「近代化」の進展を図る中で利用され、改編され、勤労青年の「学び」（学習意欲）はゆがめられ、職業教育を通して「富国」に、教練を通して「強兵」に資するという、明治以来目指された「富国強兵」という国家目的を支える教育制度はこうしてその制度的完成をみたのである。

　それは、逆に「民衆」の側から言えば、わが国の歴史の中で自然的に育まれてきた「民衆の学び」や「地域の教育力」というものが「国の近代化」のために、国に利用され、ゆがめられ、誘導され、やがて支配された歩みといえる。この支配からの解放が「サポート・バット・ノーコントロール」を原則とした「戦後の教育改革」（戦後新教育の理念）である。これによって、「民衆の学び」（個々人の学習要求）や「地域の教育力」が揺り戻される新たな契機となった。そして、その後の「生涯学習の理念」の登場と「その受容」によってその復権がさらに図られることになるのである。

　　　　　資料【戊申詔書（明治四十一年十月十三日）】
朕惟フニ方今人文日ニ就リ月ニ将ミ東西相倚リ彼此相済シ以テ其ノ福利ヲ

共ニス朕ハ爰ニ益々國交ヲ修メ友義ヲ惇シ列國ト與ニ永ク其ノ慶ニ頼ラムコ
トヲ期ス顧ミルニ日進ノ大勢ニ伴ヒ文明ノ惠澤ヲ共ニセムトスル固ヨリ内國
運ノ發展ニ須ツ戦後日尚浅ク庶政益々更張ヲ要ス宜ク上下心ヲ一ニシ忠實業
ニ服シ勤儉産ヲ治メ惟レ信惟レ義醇厚俗ヲ成シ華ヲ去リ實ニ就キ荒怠相誡メ
自彊息マサルヘシ

　抑々我カ神紳聖ナル祖宗ノ遺訓ト我カ光輝アル國史ノ成跡トハ炳トシテ日
星ノ如シ寔ニ克ク恪守シ淬礦ノ誠ヲ諭サハ國運發展ノ本近ク斯ニ在リ朕ハ方
今ノ世局ニ處シ我カ忠良ナル臣民ノ協翼ニ倚藉シテ維新ノ皇猷ヲ恢弘シ祖宗
ノ威徳ヲ對揚セムコトヲ庶幾フ爾臣民其レ克ク朕カ旨ヲ體セヨ

（文部科学省：www.mext.go.jp/b_menu/hakusho/html/others/detail/1317938.htm）
【内容の大意】戊申詔書は、1908年10月14日に明治天皇によって発布された詔書のこ
とで、内容は、大まかに三つに分けることができる。
①第一段落「列国と友好関係を」　今日の時代は、世界の列国が協同し助け合って、
幸福と利益を受けている。私（天皇）は、ますます国際的友好関係を緊密にして、列
国と共にその恩恵を受けようと思う。つまり、西欧列国と肩を並べるようになり、ま
すます列国との関係を深めていくことで、国の発展を図っていくという天皇の意思を
表現している。
②第二段落「国民が一つになって」　列国と共に国の発展をしようとすれば、国内に
おける国力発展増進に基礎を置かなければならない。そのためには、国民が一つにな
って、勤労倹約をして、お互いをいさめあって励ましあいながら活動しなければなら
ない。列国と一緒に発展、進歩するには、国内における国民の統一が必要なことを説
いている。また、国民の勤労倹約、お互いを奨励しあっていくことも書かれている。
③第三段落「天皇の遺訓を守る」　わが国の神聖な遺訓は、光り輝くものであり、国
民がその遺訓を誠心誠意守っていくならば、国運発展はこの根本にあるだろう。神聖
な遺訓とは、明治維新の際に布告された「五箇条の御誓文」を指す。「五箇条の御誓
文」は、明治政府の基本方針として布告された。国民が、この御誓文を基本に一つに
なって国の発展のために、働くことを説いている。（https://nihonsi-jiten.com/boshin
syousyo/）

引用・参考文献

「朝日奈副団長は語る」（『青年と教育』第 6 巻第 2 号、1941 年 2 月）。（朝比奈策太
　郎は青年学校創設当時、社会教育局青年教育課長）。

寺﨑昌男編『総力戦体制と教育』東京大学出版会、1987 年。

寺﨑昌男編『近代日本における知の配分と国民統合』第一法規出版、1993 年。

東京都立教育研究所編『東京都教育史通史編 4』東京都立教育研究所、1997 年。

教育史編纂会編『明治以降教育制度発達史』第 1 巻、芳文閣、1938 年。

日本近代教育史事典編集委員会編『日本近代教育史事典』平凡社、1971 年。

第6章　生涯学習とジェンダーの歴史

　1999年制定の男女共同参画社会基本法では、日本がめざす社会を「男女が、社会の対等な構成員として、自らの意思によって社会のあらゆる分野における活動に参画する機会が確保され、もって男女が均等に政治的、経済的、社会的及び文化的利益を享受することができ、かつ、共に責任を担うべき社会」とし、その実現を男女共同参画基本計画において「最重要課題」と位置づけている。

　すでに1992年の生涯学習審議会答申「今後の社会の動向に対応した生涯学習の振興方策について」において、生涯学習の推進のために今後一層重点を置いて取り組むべき課題の中で、「男女共同参画社会の形成」が現代的課題として明記されている。人間性豊かな生活を営むためには人々が学習する必要のある課題であるとし、社会の急激な変化に対応して学習機会の拡充が提言されていた。このような性別にかかわりなく個性と能力を発揮できる社会づくりがめざされてきてはいるものの、現代においても、男女の家事分担時間や育休取得率、結婚後の姓の選択などに、大きな男女の格差がある。例えば、世界経済フォーラムが2019年12月に公表した『Global Gender Gap Report 2020』では、153カ国中、男女格差が小さい国から並べていくと121位となる。このような状況を改善するために、社会的・文化的に作られた性であるジェンダーに基づく差別や偏見をなくしていこうというジェンダー平等をめざす取り組みが生涯学習の課題として認識されるようになっている。

　そこで本章では、そもそもなぜ現代日本においてジェンダーに基づく偏見や差別（ジェンダーバイアス）が残り続けているのかを考えることを目的とする。まずはジェンダーがどこから形づくられるのかを確認し、その後、性別

によって社会の中で期待された役割が異なっていた近代日本の人間関係や社会状況を考察する。そして最後に、そのような時代の中で期待された役割にとどまらない女性たちの生涯学習活動を日本女子大学での事例を中心に取り上げて考察する。

1　ジェンダーの形成

　ジェンダーとは、人間が作り出した文化や社会制度、周囲を取り巻く人間の言動や振る舞いなどから作られてくる性である。つまり人間が周囲とかかわりながら育つ中で身につけるものである。文化や制度などはそこに存在するのみであり、文化や制度そのものが意図をもって人間に対して働きかけを行うわけではない。すなわち無意図的なものである。また、教育によってもジェンダーは意図的にあるいは無意図的に伝えられる。社会的に期待される性役割は教育の目標となり子どもに意図的に伝えられ、教員や親の言動の中にあるジェンダーに関する価値観などは発言者が自覚しないまま伝えられている。学校教育の中では、目に見えるジェンダーは改善されてきたが、ヒドゥン・カリキュラムと呼ばれる、目には見えにくいジェンダーバイアスが残っている。社会教育の場では、担当者や参加者の意識の差が大きいという。例えば、男女が結婚して子どもを産んで育てるものという前提で講座企画がなされたり、実際の活動の際に男性に力仕事を頼むなど旧来の性別役割分業にのっとって役割を割り振ったり、リーダーシップを男性に期待するなどのことが筆者が知る事例である。また、参加者の持つジェンダー意識は、そこにかかわる人たちを縛り合うものになっていることもあるそうである。

　学習とは、そのような状態に気づいてその現状を変えていくためにあり、ジェンダーに即して言えば、学習することを通してジェンダーの存在を意識し、可視化し、何が問題となるのかを理解することが出発点となる。文化や人間の意識の中に存在しつづけるジェンダーは、意識して断ち切らない限り、

のちの世代に文化や常識として受け継がれていくためである。

　このため、ジェンダーの視点をもつことが重要となる。ジェンダーの視点とは、ジェンダーが社会的に作られたものであるということを自覚し、良くない側面を変えていくという意味を含む。社会の中で無自覚であった部分に男女別の視点を入れるという意味で使われることもあるが、いずれにせよ、これまでと異なった物事の見方や考え方をすることで現状を変えていこうという動きにつなげていくことである。また、社会の中に隠されているジェンダーに敏感に気づき、それを変えていこうとする視点や姿勢を持つことをジェンダーセンシティブと称する。

　以下、なぜジェンダーバイアスが残っているのかを考える手がかりとして、近代の社会状況と人間関係を見ていくこととする。

2　近代日本の社会と人間

（1）明治民法下における人間関係

　近代日本における人間関係について、1898年の明治民法（以下抜粋）を検討する。まず、具体的な条文を見ていこう。

第一編　総則
第一章　人　　第二節　能力
第十一条　心身耗弱者、聾者、唖者、盲者及ヒ浪費者ハ準禁治産者トシテ之ニ保佐人ヲ附スルコトヲ得
第十二条　準禁治産者カ左ニ掲ケタル行為ヲ為スニハ其保佐人ノ同意ヲ得ルコトヲ要ス
　　　一　元本ヲ領収シ又ハ之ヲ利用スルコト
　　　二　借財又ハ保證ヲ為スコト
　　　三　不動産又ハ重要ナル動産ニ関スル権利ノ得喪ヲ目的トスル行為ヲ

　　　為スコト

　　四　訴訟行為ヲ為スコト

　　五　贈与・和解又ハ仲裁契約ヲ為スコト

　　六　相続ヲ承認シ又ハ之ヲ抛棄スルコ

第十四条　妻ガ左ニ掲ケタル行為ヲ為スニハ夫ノ許可ヲ受クルコトヲ要ス

　　一　第十二条第一項第一号乃至第六号ニ掲ケタル行為ヲ為スコト

　　二　贈与若クハ遺贈ヲ受諾シ又ハ之ヲ拒絶スルコト

　　三　身体ニ覊絆ヲ受クヘキ契約ヲ為スコト

前項ノ規定ニ反スル行為ハ之ヲ取消スコトヲ得

第四編　親族

第一章　総則

第七百二十五条　左ニ掲ケタル者ハ之ヲ親族トス

　　一　六親等内ノ血族

　　二　配偶者

　　三　三親等内ノ姻族

第二章　戸主及ヒ家族　第一節　総則

第七百三十二条　戸主ノ親族ニシテ其家ニ在ル者及ヒ其配偶者ハ之ヲ家族トス

第七百三十三条　子ハ父ノ家ニ入ル　　２　父ノ知レサル子ハ母ノ家ニ入ル

　　　　　　　　　　第二節　戸主及ヒ家族ノ権利義務

第七百四十六条　戸主及ビ家族ハ其ノ家ノ氏ヲ称ス

第七百四十七条　戸主ハ其家族ニ対シテ扶養ノ義務ヲ負フ

第七百四十九条　家族ハ戸主ノ意ニ反シテ其居住ヲ定ムルコトヲ得ス

第七百五十条　家族ガ婚姻又ハ養子縁組ヲ為スニハ、戸主ノ同意ヲ得ルコトヲ要ス

第三章　婚姻　第一節　婚姻ノ成立　第一款　婚姻ノ要件

第七百六十五条　男ハ満十七年女ハ満十五年ニ至ラサレハ婚姻ヲ為スコトヲ得ス

第七百七十二条　子カ婚姻ヲ為スニハ其家ニ在ル父母ノ同意ヲ得ルコトヲ要ス

第二節　婚姻ノ効力

第七百八十八条　妻ハ婚姻ニ因リテ夫ノ家ニ入ル、入夫及ヒ婚養子ハ妻ノ家ニ入ル

第七百八十九条　妻ハ夫ト同居スル義務ヲ負フ　夫ハ妻ヲシテ同居ヲ為サシムルコトヲ要ス

第三節　夫婦財産制　第二款　法定財産制

第八百一条　夫ハ妻ノ財産ヲ管理ス　夫カ妻ノ財産ヲ管理スルコト能ハサルトキハ妻自ラ之ヲ管理ス

第四節　離婚　第二款　裁判上の離婚

第八百十三条　夫婦ノ一方ハ左ノ場合ニ限リ離婚ノ訴ヲ提起スルコトヲ得

　　一　配偶者カ重婚ヲ為シタルトキ

　　二　妻カ姦通ヲ為シタルトキ

　　三　夫カ姦淫罪ニ因リテ刑ニ処セラレタルトキ

　明治民法において、人は「家ニ入ル」、すなわち「家」に所属する存在とされ、同じ「家」に所属する戸主とその家族はその家の「氏」（名字）を称した（第733・746条）。家族とは、戸主の親族またはその配偶者で、戸主の「家」にある者を指す（第725・732条）。その「家」では、戸主の許可が無ければ、戸主の親族や配偶者は結婚や養子縁組などができないとされた（第749・750条）。そのような関係性の家族の中で、女性は結婚によって相手の「家」に所属して夫と同居し（第788・789条）、夫婦の財産は夫が管理をする（第801条）など、女性は夫に従属した半人前の能力しか持たない存在とされた（第14条）。ここでいう半人前とは、当時の準禁治産者が「保佐人」（保護

者）を必要とすることと同様の扱いである（第11・12条）。また離婚の訴えは、夫からは、妻が「姦通」いわゆる浮気をしたときに訴えができるが、妻からは、夫が「姦淫罪」によって刑に処せられたときでないとできなかった（第813条）。

　以上から家族とは、同居する戸主と戸主の親族とその配偶者で、同じ名字を名乗っていること、家族の権利は戸主が行使するが戸主は家族を扶養する義務を持つこと（第747条）、その家族の中でも女性は財産だけでなく能力もない者と位置づけられていたことなどがわかる。

(2)　近代日本の理想的人間像

　天皇制を中心とする近代日本では、明治民法に規定される「家」や国家・天皇を支えるための存在として男女とも教育された。1890年発布の「教育二関スル勅語」では、天皇のもとに国民の精神と道徳を統一しようとし、「一旦緩急アレハ義勇公ニ奉シ以テ天壌無窮ノ皇運ヲ扶翼スヘシ」と、非常時には自らをなげうって国家のため勇敢に仕えることを求めた。当時の男性は兵隊として国家のために尽くし、女性は「良妻賢母」として男性を支え国家に尽くすことが期待された。現在も使われている「主人」や「内助の功」との言葉に、当時の考えが生きている。この理想的人間像は、学校教育、社会教育、家庭教育すべてにおいて教育目標とされた。

　性別により期待される役割が異なっていることは、学習内容も異なるということである。例えば、小学校を卒業した子どもたちが通う中等教育機関を取り上げてみよう。女子は高等女学校、男子は中学校と名づけられた学校において、高等女学校は中学校よりも低度に位置づけられ、科目においても裁縫の時数が最も多く、理数系や外国語の比重が男子に比べて軽くなっていた。

　以下、1902年5月に全国高等女学校長会議において菊池大麓文相が述べた訓示を検討することで、男女青年がどのように理解され、どのような教育を受けることが期待されたのかを見ていく。

菊池は女性について「日本デハ此ノ婦女子ト云フモノハ将来結婚シテ妻ニ
ナリ母ニナルモノデアルト云フコトハ女子ノ当然ノ身ヒ成行」と、結婚して
妻や母になることが仕事であると述べた。そして「男子ノ方ハ普通教育デア
レバ即チ是ハ中学校ニ這入ル、所デ中学校ニ這入ツテモ多クハ中学校デ得ル
所ノ普通教育デハ足リナイノデ、ソレカラ更ニ進ンデ高等ノ普通学校実業学
校等ヘ這入リ、或ハ又尚ホ進ンデ高等ノ普通教育ヲ修ムル様ナコトニナツテ
居ル、然ルニ此ノ高等女学校ノ方デハ先ヅ女子ノ多数ニ取ツテハ之ヲ終ル年
齢ニナルト稍ヤ結婚期ニ近寄ルノデアルカラ、即チコレヲ以テ女子ノ多数ノ
教育ハ終ル者デアル」と述べ、男性の場合は中等教育だけでは不十分なので
高等教育や実業教育が必要だが、女性は中等教育を修了する年齢が結婚期に
近いため中等教育で終わるものであるとした。

　この時期の男女青年の特徴は、「十六、七、八、二十歳位ノ所迄ハ極ク生
意気ニナリ易イ時デアル、又極ク理屈ポクナル時デ、ソレハ理想ニ走セルノ
デアツテ決テ悪イコトデハナイケレ共是等ノ時代ハ理想ニ走セテ理屈ポクナ
ル時デアルト云フコトハ事実デアルト思フ」と、生意気で理屈っぽく、理想
に走りやすいため「是等ノ時代ニハ余程注意ヲシナイト」とする。そして特
に女性に対しては以下のように述べた。

　「女子トイフ者ハ兎角感情ニ走セ易イモノデアリマスカラシテ余程此感情
ノ濫発シナイ様ニスルト云フコトニ注意シナケレバナラヌ、（中略）之ヲ矯
正シテ行クニハ女子ニ理学上ノ智識ヲ与ヘ毎度私ノ唱ヘル所ノ常識ト云フ者
ヲ養成シナケレバナラヌト考ヘルノデゴザイマス、（中略）女子ニ対シテハ
殊ニ感情ヲ抑ヘラル、様ニ常識ト云フ者ヲ与ヘ、理解心ヲ与ヘ、理学ナドヲ
以テ是等ノコトヲ矯正スルト云フコトノ考ヲ取ツテ行カナケレバナラヌコト
デアロート考ヘルノデアリマス」

　女性の特徴を「感情的」と理解し、それを抑制するためには「常識」、「理
解心」、「理学ナドヲ以テ」「矯正」せよ、と言う。つまり、女性に求められ
た「良妻賢母」とは、自己主張や素直な感情を押さえる「矯正」的な視点か

ら知識や常識を持つことであった。国のために尽くす人間を育てる教育は、
自分で考えたり判断したりする知識や思考からは遠ざけられていたといえる。

3　生涯学習の展開——日本女子大学校をめぐる事例

　男女とも国家に尽くすことが期待され、特に女性は国家の基礎となる家を
支える良妻賢母として教育された時代、そのような社会的に期待される性役
割を遂行することにとどまらない生涯学習の展開事例も見られた。その一端
について、ここでは女性に焦点を当てて概観する。

　生涯学習を実践していく土台は学校教育で培われるため、学校教育の特徴
を確認していこう。

　1901年に創設された日本女子大学校（現：日本女子大学）では、卒業後の親
睦にとどまらず卒業生が学び続けるための組織としての同窓会（桜楓会）が
作られた。その理念は、創設者である成瀬仁蔵の手により描かれた生涯教育
理念を表した「桜楓樹」（図6-1）にみられ、これは高等教育機関で学んだ女
性が一生を通して何を目的にどのように「人」として自立的に成長していく
かという構想である。成瀬は、「学校に於ける教育法は、学校内に在りて、
既に完成せる所の人物を社会に出すを原則とせず。自ら完成する力を有し、
且つ其の方法を知れる所の人物を社会に出すことを以て原則と為す」と述べ
ており、学校の役割を、各自が卒業後に人間として成熟していくための方法
を獲得させることと考えていた。

　桜楓樹の幹の中央には同窓会組織である桜楓会本部が位置づけられ、幹に
は右側から社会部、家庭部、教育部が据えられた。これらの各部は卒業生が
自ら選んで所属する卒業後の研究的活動部門のことであり、社会部の枝の一
番太い部分に出版部が据えられ、新聞、雑誌、書籍刊行によって社会に向け
た発信が構想された。

　一例として、日本女子大学校卒業生の平塚らいてうに注目し、日本女子大

日本女子大学教育文化振興桜楓会 所蔵

図 6-1　桜楓樹（日本女子大学教育文化振興桜楓会所蔵）

学校関係者を中心とした『青鞜』を取り上げる。『青鞜』は1911年、日本で初めての女性の手による女性向けの雑誌として創刊された。その目的は、「各自天賦の特性を発揮せしめ、他日女流の天才を生まむ事」（「青鞜社概則」第1条）とされ、らいてうによれば「みな天から与えられているはずの才能の全部を、あらゆる抑圧を排して出しきろうではないか」という意味で、抑圧された現状を自覚し、自己の内的探求と陶冶をめざした。

　『青鞜』に対しては、好奇の目や非難の目が注がれた。『青鞜』には、酒を飲んだり恋愛したりする等身大の女性像とともに、当時の社会制度に対する批判なども掲載されたためである。1913年には、らいてうが「種族保存のために女の全生涯は犠牲にされるべきなのか。我々はそれを信じない。（中略）服従、温和、貞淑、忍耐、献身などの女徳は所詮『男子の生活のため』のものにすぎない。（中略）妻には何らの財産権もなく、子どもに法律上の権利もない。夫の姦通は罪なく妻の姦通は罪、こんな不条理な制度に服して結婚しようとは思わない」（「世の婦人達に」）と、当時の民法を批判し、そのために「警視庁口頭検閲係」（検閲官）から呼び出され、日本婦人在来の美徳を乱すようなところがたくさんあると注意を受けたりしている。

　4年半発刊された『青鞜』は、たびたび発禁処分を受けつつも、女性の人権の主張や家制度への反発など、若い女性たちの率直な思いを表現する場となり、多くの問題提起をした点に生涯学習の一事例と位置づけることができよう。

　『青鞜』は、自分たちで社会改良実現の手段として理念を発信し行動する場を作り上げたといえるが、卒業生の大多数は、卒業生たちが編集を担った『家庭週報』を主たる媒体として発信した。『家庭週報』とは1904年6月25日から桜楓会と日本女子大学校の機関紙として発刊されたものであるが、その読者は卒業生にとどまらなかった。これは毎週刊行され、大学事業の報告や桜楓会による研究報告のほかに卒業生個人から記事が寄せられた。「暇さへあれば書物を繙き、修養に務めて居ります」、「大いに務むべき事は、静思

して修養を助くる習慣なり。（中略）静思は常に活動の根本となるべきものを忘るべからず」など、卒業生たちが日常生活の中で学ぶ姿勢を持ち続けていることが投稿され、学び合いを重ねたその知識や経験を共有しながら社会改良の理念や行動を発信し続けていた。

　卒業後にこのような活動が可能であったのは、なぜなのか。それはいくつもの要因が重なっていたと考えられる。女性たちが、当時としては大変珍しく高等教育を受けられたこと。その高等教育機関では、学生たちの自治が重視され、自発的で実際的な活動を通して理解力、選択力、観察力などを養ってきたこと。考えを他者に伝えることができるだけの文章力を養ってきたこと。当時の女性の主要な仕事は結婚をして賢い母・良い妻になることであったため、その延長上ではあるが視野を社会や国家に向けられたこと。ただし女性の生き方として妻や母にならない女性も想定されており、良妻賢母の枠内にととまらずに各々が持つ可能性を発揮することが許容されていたこと。そしてそのような女性の教育に対して理解者が一定数存在したこと。さらに重要だと思えることは、学び合える仲間づくりができたこと、発信する媒体を持ちえたこと、などが、あげられよう。

　以上検討したように、近代日本では性別を前提に社会が作られ教育が行われていた。男女とも国家に尽くすことが期待された中で、日本女子大学校の卒業生たちが仲間とともに学習を続け思考を鍛え社会に発信した姿は、自分たちの居場所は自分たちで居心地良く作っていく必要があることを教えてくれる。

　現在においても、学習は問題を解決する手立てを探るために積み重ねていくものであり、ジェンダーバイアスにとらわれることなく個性と能力を発揮する社会を作っていくために、生涯学習は必須なものである。

引用・参考文献

我妻栄編『旧法令集』有斐閣、1968年。

片桐芳雄・木村元編著『教育から見る日本の社会と歴史　第 2 版』八千代出版、2017年。

中嶌邦監修・日本女子大学平塚らいてう研究会『女性ジャーナルの先駆け　日本女子大学校・桜楓会機関紙『家庭週報』年表』日本女子大学教育文化振興桜楓会出版部、2006年。

日本女子大学研究プロジェクト　平田京子編『「社会に貢献する」という生き方―日本女子大学と災害支援―』ドメス出版、2017年。

森まゆみ『『青鞜』の冒険―女が集まって雑誌をつくるということ』集英社、2017年。

渡辺典子「ジェンダーと学校」高橋陽一・伊東毅編『これからの生活指導と進路指導』武蔵野美術大学出版局、2020年。

渡辺典子「明治期の日本女子大学校卒業生による「大学拡張」運動」全国地方教育史学会『地方教育史研究』39、2018年。

第7章　生涯学習・社会教育の法的位置づけ

　法的側面から生涯学習と社会教育を考える時、戦後の法令主義に基づいて
教育行政が進められたことは重要な意味を持っている。周知のごとく1947年
に制定された教育基本法には、第7条において国及び地方公共団体が社会教
育を奨励する義務を負うと規定され、社会教育が法的根拠に基づいて行われ
ることが初めて明記された。ただ、その後に制定された教育委員会法（1956
年には「地方教育行政の組織及び運営に関する法律」により廃止）には、社会教育
の事務組織についての記載はあるものの、その具体的な事務規定が明確では
なかったため、1949年には社会教育法の制定が必要になった。

1　社会教育の法的内容

　1947年に制定された教育基本法は、2006年に59年ぶりに改正されたが、こ
の改正教育基本法において生涯学習と社会教育は、より明確な法的位置づけ
がなされた。特に生涯学習の理念が、第3条で新たに規定されたことは注目
される。社会教育に関しては第12条が重要であり、条文の冒頭で「個人の要
望と社会の要請」にこたえるのが、社会教育の使命であると確認されている。
これによって、社会教育の諸々の活動は、個人の余暇活動等に限定されるの
ではなく、社会からの様々な要請（例えば経済対策等）に対しても重要な役割
を果たしていると法的に再確認された。
　さらに改正教育基本法で重要なのは、社会教育と密接な関係にある家庭や
地域住民との連携に関する条文として、第10条の「家庭教育」に関する規定
や、第13条の「学校、家庭及び地域住民等の相互の連帯協力」に関する規定

が新たに設けられた点である。これによって、様々な教育活動を統合させる生涯学習の一翼を担うものとしての社会教育の役割が明確にされたといってよい。

(1) 社会教育法の役割と内容

　社会教育法は、社会教育を行う際の原理原則を規定したものである。その概要は、社会教育の法律上の定義、国や地方公共団体の任務や行うべき事務的内容、社会教育主事に関する資格や養成、社会教育関係諸団体の規定、社会教育委員、その他公民館、学校教育施設を使用した社会教育活動、さらには通信教育についての諸規定が網羅されており、その意味では社会教育の基本法ともいうべき内容を有している。以下、各条文に即して解説してみたい。

①目的及び定義

　社会教育の目的は第1条に書かれており、この法律の目的は国及び地方公共団体が社会教育に関わる際にどのような「任務」があるのかを明らかにすることであると明記されている。

　第2条では、社会教育がいかなる教育活動を対象にしているのかが定義されている。社会教育は、基本的には学校の教育課程として行われる教育を除くものである。対象もかつては青少年と成人に限定されていたが、高齢者、乳幼児、さらには障害者等、社会においてマイノリティの立場にいる方々も含まれていると解釈できる。また社会教育は、組織的に活動する教育であり、体育やレクレーション等の身体活動を含む教育も含んでいることにも注意したい。

②社会教育の推進と振興

　第3条は、社会教育を推進・振興する国及び地方公共団体の任務について規定したものである。特に重要なのは第1項であり、すべての国民があらゆる機会や場所を利用して「自らの実際生活に即する文化的教養」が高められるように環境の醸成をはかる努力義務が国や地方公共団体に課されているこ

とが明記されている。そのため第2項では、国民の学習の多様な需要に応え、必要な学習機会の提供と奨励を行い、生涯学習を振興するようを求めている。さらに第3項では、そうした生涯学習振興のために社会教育を実施する行政組織が学校教育や家庭教育との密接な連携を図るため、様々な施策を進める必要性が規定されている。こうした諸項目は、2001年、2008年に追加されており、社会教育が生涯学習振興のために重要な役割を担っていることが確認されている。

　ところで、このような社会教育を推進・振興し、それを所管するの組織は、形式的に地方公共団体から独立している市町村及び都道府県にいたる各教育委員会である。第5条、第6条には各教育委員会が社会教育を行う際の事務的諸規定が記載されている。市町村教育委員会は、主に社会教育に必要な援助、社会教育委員の委嘱、公民館・図書館・博物館、青年の家、その他の社会教育施設等の設置や管理に関することや、各種講座の開設及び各種集会の開催、その他各種の文化・教育活動の奨励を行っている。また都道府県教育委員会は、主に社会教育を行う者の研修に関することや、各公民館や図書館の設置や管理に必要な指導及調査等を行っている。第9条に規定されているように図書館及び博物館が、社会教育ための機関として活用されることになっているのは言うまでもない。

③社会教育主事及び社会教育委員に関する規定

　第9条の第2項から第7項までは社会教育主事等の規定である。第3項にあるように、社会教育主事の資格は、「社会教育を行う者に専門的技術的な助言と指導」を与える任用資格であり、大学における科目の受講や、文部科学大臣の委嘱を受けた大学その他の教育機関が設置する講習の受講によって取得できる。第7項は、社会教育、学校教育、家庭教育の連携活動に中心的な役割を果たすことが期待されている「地域学校協働活動推進員」の規定である。

　また、第15条から第18条は、社会教育に関する教育委員会への専門的な助

言を行う社会教育委員についての規定である。社会教育委員は、各教育委員会の社会教育に関する諸計画の立案や、助言や指導を与える役割を担っている。

　こうした社会教育関係の職員養成制度に関しては、2020年度より社会教育主事講習等の規定が改正され、NPO等の諸団体に対しても住民の自発的な学習活動を支援できる「社会教育士」の資格が創設されることになった。今後は、社会教育士と連携した環境問題への取組や、地域づくりや人材育成が期待される。

④公民館に関する規定

　社会教育法の中で最も重要なものと思われるのが、第20条から第42条まで規定されている公民館に関する条文である。周知のごとく公民館は、地域住民の日常生活に即した文化・教育・学術に関する各種の事業を行う非営利かつ宗教や政治的に中立性を維持する施設である。公民館における諸活動は、地域住民の「教養の向上、健康の増進、情操の純化」を図り、文化生活の振興と社会福祉等の増進に寄与する目的で行われている。第23条にあるように教育委員会は、公民館長、公民館主事その他職員を任命でき、必要に応じて公民館運営審議会を置くことができ、公民館の活動が公正に行われていると内外に示す努力が求められている。

⑤学校施設を利用した社会教育活動

　第43条から第48条においては、社会教育活動を学校施設の活用によって実施することが認められている。当該学校の管理機関の許可を得た上で、学校で文化講座、専門講座、夏季講座、社会学級講座等を行うことは可能である。文化講座や専門講座に関しては、大学、高等専門学校や高校において開設できるし、社会学級講座は、小・中学校又は義務教育学校において開設することができる。

⑥通信教育に関する規定

　通信教育は、学校教育法と社会教育法の規定に基づいて行われており、第

49条には、学校教育以外で行われる通信教育の適用範囲が規定されている。社会教育における通信教育は、学校教育に準じたカリキュラム編成がなされ、一定の教育目標の達成のために行われる教育で、青少年から成人にいたる者を対象とする生涯学習的性格を有している。昨今のネット環境の拡大と共に、いわゆるe-ラーニングの形態で行われるいわゆる「遠隔教育」も増えつつあり、その教育的重要性が高まっている。こうした現状に対応できる法改正が喫緊の課題になっている。

(2) 社会教育法と図書館法・博物館法との関係

　すでに指摘したように、社会教育法第9条では図書館及び博物館について規定されている。第1項では、図書館と博物館が社会教育を行う場であること、第2項では両施設に関する必要事項は別に定めることになっている。

　当初は両施設の諸規定は、ともに社会教育法の中で定められるようになっていたが、結局別々の法律がたてられた（図書館法1950年、博物館法1951年）。ただ、どちらの法律でも「社会教育法の精神」に基づくとの文言が掲載されており、その意味では三つの法律は相互に密接な関係性を有しており、「社会教育三法」と呼ばれている。

①図書館法の内容

　社会教育の場としての図書館は、「図書、記録その他必要な資料を収集し、整理し、保存して、一般公衆の利用に供し、その教養、調査研究、レクレーション等に資することを目的とする」（図書館第2条）施設である。法的には、地方公共団体が設置する公立図書館と、一般社団法人・財団法人が設置する私立図書館がある。この中でも公立図書館は、一般には公共図書館呼ばれ、2019年度の総数は30,284館の設置がなされている。これに対して私立図書館は、19館であり、図書館の中心は公共図書館であることは言うまでもない。

　上述したように図書館は、図書・雑誌・新聞・パンフレット・CD・DVD等の資料を収集・整理・保存し、それらの閲覧・貸出・レフェレンスサービ

ス等によって無料で提供する社会教育施設であり、そのために司書・司書補・専門的職員等の人員を確保している。施設の性格上、幼児から高齢者まであらゆる世代が個人で気軽に利用できるため、いわゆる個人学習に適している。そのために図書館法では、第3条において利用者である住民に対して「図書館奉仕」、すなわち図書館サービスを行う努力義務について定めている。その内容は、単に図書等の収集や利用だけではなく、郷土資料や地方行政資料、美術品等の収集・利用まで多岐にわたっている。特に利用に関しては、他の図書館等だけでなく、国立国会図書館に至るまでの相互貸借も扱うことが求められている。

　このような法的規定がなされている図書館であるが、1990年代以降はこれまでの貸出業務のような図書館サービスに加えて、さらに地域の課題解決支援を目的としたサービスの提案がなされている（『これからの図書館像〜地域を支える情報拠点をめざして〜（報告）』2006年）。具体的には、行政支援、学校教育支援、子育て支援、ビジネス支援、法律・医療情報の提供等のサービスである。これらのサービスは、課題を抱えている一般住民だけでなく職業人、社会人のための専門知識提供に当たるものである。

　この種の多様な図書館サービスに係る職員である司書や司書補は、公共図書館や私立図書館の不可欠な専門的職員であり、その職務や資格等は図書館法第4条から第6条に規定されている。その養成教育の場、特に司書の養成は主に大学で行われており、2009年以降はより専門的知識・技術の向上が求められた。そのため図書館法施行規則には「図書館に関する科目」と「司書の講習の科目」が定められて、4単位増の24単位になっている。

　近年図書館を取り巻く状況は大きく変容している。特に、ネット情報の活用が日常的になり、図書の利用が頭打ちになっている。このような状況において、いつまでも図書利用数が図書館評価の優先項目にしておくことの意味が問われている。今後は、図書資料とネットワーク資料とを相互利用するサービスのあり方や、予算の削減に直面している公共図書館の運営方法の問題

等、デジタル社会における図書館の存在意義をあらためて問い直した上で、新しい時代にふさわしい図書館法の改正を検討する必要があるだろう。

②博物館法の内容

　すでに指摘したように、博物館は、図書館同様に社会教育法第2条に規定されている社会教育を行う場として重要な役割を担っている。博物館法第2条には、「『博物館』とは、歴史、芸術、民俗、産業、自然科学等に関する資料を収集し、保管（育成を含む。以下同じ。）し、展示して教育的配慮の下に一般公衆の利用に供し、その教養、調査研究、レクレーション等に資するための必要な事業を行い、あわせてこれらの資料に関する調査研究をすることを目的とする機関」と記載されている。2018年度の資料では、この第2条に定める登録博物館の数は、公立・私立を合わせて1,287館であり、これら施設では登録要件を満たし、館長及び学芸員が必置されていて、年間150日以上の開館が義務付けられている。これに対して、第29条で規定されている博物館類似施設は4,457館であり、これらの施設は年間100日以上の開館と学芸員相当職員の配置が条件になっている。こうした資料からも分かるように、登録博物館には相当の要件が求められており、登録審査が必須となっている。

　さらに博物館法の第3条第9項には、博物館で行われる社会教育活動の奨励を次のように規定している。博物館では「社会教育における学習の機会を利用して行った学習の成果を活用して行う教育活動その他の活動の機会を提供し、及びその提供を奨励すること」となっており、博物館で行われる多様な講演会、講習会、研究会等の成果を積極的に発信することが同施設の重要な社会的使命であると規定されている。

　このように社会教育活動の場として重要な役割を担っている博物館であるが、近年は社会変容への対応や住民の多様なニーズに応える生涯学習振興の拠点としての役割だけではなく、さらに加えて住民の参画を得ながら地域の活性化に関わる活動の拠点としての役割も求められている。すでに2008年の中央教育審議会答申では、博物館としての本来の使命を果たしながら、地域

の歴史や自然、文化や産業振興に関連した博物館活動の重要性が指摘されている。また2017年の「学びを通じた地域づくりの推進に関する調査研究協力者会議」の論点になっていたのは、博物館が国内外の人々が集う交流の場として地域の活性化活動に寄与することであり、図書館同様にネットを通じて国内外へ積極的に発信することの重要性が指摘された。

(3) 社会教育三法の新しい改正

　2019年6月7日には社会教育三法に関わる大きな改正が行われた。それが「地域の自主性及び自立性を高めるための改革の推進を図るための関係法律の整備に関する法律」(第9次一括法)である。この法律の制定によって、社会教育三法と地方教育行政の組織及び運営に関する法律（以下、地教行法）等の一部改正がなされている。その趣旨は、上述した博物館の活動のように、住民参画を得ながら地域の活性化を図る活動を、教育委員会の所管ではなく、教育の中立性を確保することを条件に、地方公共団体の長が所管できるようにする特例を認めるものである。そのために、地教行法第23条第1項第1号には、公立の図書館、博物館、公民館その他の社会教育に関する教育機関（以下、公立社会教育機関）の設置、管理及び廃止に関する事務については、条例によって地方公共団体の長への移管を可能にすることが記載された。これによって、地域の活性化やまちづくり、さらには観光に深く関わる一連の社会教育活動は、教育委員会だけではなく地域行政も行えることになった。ただ、教育の中立性を確保するため、社会教育第8条の第2項及び第3項には、公立社会教育機関の管理運営に関する規則の制定については教育委員会との協議が義務付けられている。

　この2019年の大改正によって社会教育は、個人の成長と地域社会の発展の双方に重要な役割を果たし、社会教育を基盤とした「人づくり」「つながりづくり」「地域づくり」が行われることになった。そして、社会教育の新たな方向性としては、「開かれ、つながる社会教育」の実現を目指すことにな

った。

2　生涯学習の理念とその政策

　教育基本法の第 3 条には、「国民一人一人が、自己の人格を磨き、豊かな人生を送ることができるよう、その生涯にわたって、あらゆる機会に、あらゆる場所において、学習することができ、その成果を適切に生かすことができる社会の実現が図られなければならない」と生涯学習の理念が記されている。今日のわが国の教育政策が、生涯学習という考え方を基盤にして行われているのは言うまでもない。その意味では社会教育のみならず、学校教育や家庭教育、さらには職能教育等の全ての教育活動を包括する国の教育政策の根幹になるものが生涯学習になっている。その歴史的経緯について簡単にまとめておきたい。

（1）生涯学習の理念と制度的経緯

　そもそも生涯学習の理念は、1981年の中教審答申の「生涯教育について」の提言から始まる。同答申では、それまでの日本における「学歴偏重」の風潮を批判し、社会全体が生涯にわたって教育することの重要性を指摘し、人々の生涯を通じた自己向上の努力を評価する学習社会の方向性を明示した。この答申は、臨時教育審議会の議論に大きな影響を与えたと言われいる。

　臨時教育審議会（1985〜1987年）における生涯学習の議論は、現在の生涯学習をめぐる議論の出発点であると言ってよい。4 回目の最終答申では、①個性重視の原則、②生涯学習体系への移行、③変化への対応等、後の教育改革の基本的方針を提言したのは評価されるし、答申を受けて、当時の文部省の組織改革が進められ、生涯学習局が筆頭局として設置されることになった。さらに1990年の中教審答申「生涯学習の基盤整備について」では国及び地方公共団体の連絡調整組織の整備と、地域の生涯学習の中心組織として「生涯

学習推進センター」の設置が提言された。こうした組織的な整備・促進を図るために、同年 6 月には答申の趣旨を組み込んだ「生涯学習の振興のための施策の推進体制等の整備に関する法律」（以下、生涯学習振興法）が制定されている。

　1992年には、この生涯学習振興法を根拠とする生涯学習審議会が初めて答申「今後の社会の動向に対応した生涯学習の振興方策について」を出し、リカレント教育やボランティア活動の推進や、青少年の学校外活動や現代的課題に対する学習機会の充実を提言した。その後本審議会は 2 回行われ（1998、1999年）、社会教育行政の新し方向性や生涯学習の成果の問題を取り上げ、2001年には中教審に統合され、「生涯学習分科会」となり、現在に至っている。

　2000年の教育改革国民会議の「教育改革国民会議報告―教育を変える17の提案―」は、戦後の文教政策のあり方を転換する重要な報告であり、この報告では臨教審で取り上げられなかった教育基本法の改正を提案している。この報告を受けて2003年の中教審答申「新しい時代にふさわしい教育基本法と教育振興計画の在り方について」では、教育改革国民会議の提案を踏まえて、教育基本法の前文と教育理念に対する考え方を明示している。「生涯学習の理念」は、新たに提案する 8 つの理念の一つとして改正教育基本法に規定されることになった。さらにこれ以降、生涯学習分科会での審議は、中教審答申に盛り込まれており、2013年第 7 期の中教審では、社会教育行政の所管の問題が検討されたし、2015年の第 8 期では、地域学校協働本部の設置の提言や、コミュニティ・スクールとの相互補完の問題などが話し合われている。

　そして2018年第10期の中教審においては、「人口減少時代の新しい地域づくりに向けた社会教育の振興方策について」が答申されたが、この答申では地域の活性化を推進するために、社会教育施設の事業と、まちづくりや観光等の他の行政分野の社会教育に関連する事業を一体的化させることが提案された。その際に、様々な分野を複合化させた施設の所管を、教育行政と地方

公共団体の首長部局とに一元化することが検討されている。先に触れた2019年6月の社会教育三法の改正骨子は、この答申に盛り込まれていることが分かる。

(2) 生涯学習振興法の内容

　生涯学習振興法は1990年に制定され、生涯学習の名称が入った最初の法律であると言われている。すでに指摘したように我が国の生涯学習政策にとって重要な検討を行った臨教審の最終答申を受けて制定されている。その意味では、生涯学習振興法は、生涯学習による文教政策の基本ラインを規定したものであると言えよう。

　第1条の記載にあるように、この法律は、国民の生涯学習の機会を確保することが求められている状況を考慮し、生涯学習の振興に資するための都道府県の事業に関しその推進体制の整備その他の必要な事項や、都道府県の生涯学習審議会の事務的事項を定め、「生涯学習の振興のための施策の推進体制」や「地域における地方公共団体に関わる機会」に整備を図り、それによって「生涯学習の振興に寄与することを目的している。

　第2条では、国及び地方公共団体が「学習に関する国民の自発的意思を尊重する」と共に、「職業能力の開発及び向上、社会福祉等に関し生涯学習に資するための別に講じられる施策」を行いつつ、それを効果的に実施することを求めている。そのために都道府県教育委員会には、住民の学習や文化活動の機会を確保するため、情報等の収集・整理・提供、さらには地方の実情に合った学習方法の開発等行うことが求められている。また住民の学習に関する指導者や助言者の研修や、生涯学習関係の各種事業の企画・運営・実施等、生涯学習の振興に資する体制整備を充実させていくことも求められている。

　第3条の第2項では、都道府県教育委員会が、「社会教育関係諸団体その他の地域において生涯学習に資する事業を行う機関及び団体との連携」に努

めることが記載されており、生涯学習活動の主体の一つとして社会教育関係諸団体との連携が想定されている。そのため、第10条では、都道府県の「生涯学習審議会」の規定があり、第11条ではさらに市町村が、地域の生涯学習の振興と促進するため、関係機関・団体との連携体制の必要性が示されている。

　このように生涯学習振興法は、生涯学習の概念や理念を提示した上で生涯学習実践を進めて行くための諸規定が記載されているというよりも、基本的には生涯学習の推進や振興についての規定であり、生涯学習を政策的に推進・振興していく際に整備されることが期待されている組織づくりや諸事業に関する法律という側面が強い。

　法律がそのような構成で作られているのは、生涯学習の理念そのものに起因しているように思われる。教育基本法の規定にもあるように、生涯学習は、多様な教育領域や教育活動を統合的させることに教育的意義があり、その意味では多様な教育システムの融合体ともいうべきものである。個々の教育領域や活動には、それぞれの独自性を有しているが、生涯学習はそれらを緩やかに集約させたものであるとも言える。そのため生涯学習振興法は、生涯学習を推進・振興するための大まかな枠組みを提示したものになっている。

引用・参考文献
浅井経子編『生涯学習概論－生涯学習社会の展望－』理想社、2019年。
井上豊久・小川哲哉編『現代社会からみる生涯学習の論点』ぎょうせい、2003年。
小川哲哉・勝山吉章・井上豊久編『現代教育の論究』青簡舎、2012年。
吉田武男（監修）手打明敏・上田孝典編『社会教育・生涯学習』ミネルヴァ書房、2019年。
（法規に関しては、適宜文部科学省等のHPを参照した。）

第 3 部

生涯学習・社会教育実践の展開の諸相

第8章　学社連携・学社融合の動向と生涯学習

1　生涯学習の基礎を培う学校教育

(1) 生涯学習から見た学校教育

　1965年に開催された第3回成人教育推進国際委員会でラングラン (P.Lengrand) は、人の誕生から死に至るまでの人間の一生を通じて教育・学習の機会を提供する生涯教育・生涯学習の考え方を提示した。

　世界的な寿命の伸長によって、この考え方の重要性が高まるようになる。日本の場合、平均寿命は1947年で男性50.06歳・女性53.96歳であったものが年を追うごとに伸びて、2019年には男性81.41歳・女性87.45歳となった。仮に人生を80年として、それを4等分してみると多くの人々が最初の4分の1を学校教育のなかで過ごしている。しかしこの長寿社会の中では、人生の最初の4分の1段階で経験する学校教育から得られる知識・技術程度ではそれ以降の人生に対処できなくなっている。それを受けてOECD（経済協力開発機構）は1970年代に学校教育を終え労働市場に参入した者が必要に応じて再度学校教育を受けることができるリカレント教育を提唱した。よって、「教育」は学校教育のみで完成するのではなく、生涯にわたって必要に応じていつでもどこでもアクセス可能な営為として捉えることが肝要となった。

　教育を生涯にわたる営為だとする発想は、人生初期の段階で経験する学校教育（初等・中等教育）の位置づけを大きく転換させた。つまり教育を完成させる場とする学校観から、生涯にわたって必要とされる学習の「学び方を学ぶ」場と見なす学校観への変容を促したのである。

(2)「生きる力」を育む学校教育

　「生きる力」は、1996年の中央教育審議会答申「21世紀を展望した我が国の教育の在り方について」のなかで、今後の教育が育む必要のある力として示された。1998年に改定された学習指導要領で初めて「生きる力」の語が使用され、それはゆとりの中で特色ある教育によって基礎・基本を確実に身につけさせ自ら学び考える力を育むことであるとした。その後、ゆとり教育から転換した2008年の改定学習指導要領から、調和のとれた学力・人間性・体力の育成により生きる力を一層育むことが目指された。具体的には「確かな学力」「豊かな人間性」「健康・体力」の3要素を調和的に育成することである。

　この間、小中高校では地域社会との連携による学校独自のカリキュラム編成を必要とする「総合的な学習の時間」が1998年に新設され、2001年の学校教育法一部改正により、学校は社会教育関係団体等との連携に十分配慮してボランティア活動などの社会奉仕活動や教科等で行われる自然体験活動を充実させることが要請された。同時に社会教育法も改正されて、国及び地方公共団体が社会教育行政を進めていく際、学校教育との連携に努めるとともに家庭教育の向上に資するよう必要な配慮を行うこととなった。

　さらに2006年に改正された教育基本法では、学校、家庭、地域の連携協力を行うことを新たに規定し（第13条）、また2008年の改正社会教育法では市町村の教育委員会の事務として児童・生徒を対象とした放課後または休業日に学習その他の活動の機会を提供することが盛り込まれ（第5条）、学校と社会の連携・協働に対する法整備が進んだ。

2　学校と社会との協働による「学び」の創造

　少子高齢化が急速に進む社会において、子供を取り巻く家庭、学校、地域などの環境は大きく変容していった。多くの人々が家庭や地域の教育力が低

下していると感じるようになったことから、学校教育にそれらの役割を補うことを期待する傾向が顕著になっている。

　現在の学校教育では、子供たちの学ぶ意欲の低下、いじめ問題、非行、不登校などの問題を抱えるようになっているが、このような諸問題を学校教育だけで解決することは困難であるため、学校と地域社会との連携・融合の必要性が強調されるのである。

（1）学社連携・学社融合
①学社連携
　「学社連携」とは、その字義のとおり学校と社会が「学び」の場を創造するために連携することである。狭義には学校と社会教育との連携を、広義には学校と社会教育を含む地域社会との連携を意味する。学社連携は、学校教育と社会教育が各の役割や立場で相互に足りない部分を補足しようとするものである。例えば、社会教育側からは学校の体育館や校庭等の施設利用が行われ、学校教育側からは社会教育施設である博物館や美術館等の見学がなされるという形態である。教育基本法の精神に則った1949年施行の社会教育法では、学校開放に関して「学校の管理機関は、学校教育上支障がないと認める限り、その管理する学校の施設を社会教育のために供するように努めなければならない」と規定した。連携・協力という文言を用いてはいないが学校施設・設備の利用という点では学社連携を示すものである。

　学社連携の考え方が行政に現れたのは、1971年の社会教育審議会答申「急激な社会構造の変化に対処する社会教育のあり方」や1974年の社会教育審議会建議「在学青少年に対する社会教育のあり方について―家庭教育、学校教育と社会教育との連携―」であり、家庭教育、学校教育、社会教育が各独自の教育機能を発揮しながら連携して相互補完的役割を果たし得るよう総合的な教育が構想され、特に学校教育と社会教育との連携が重要視された。

②学社融合

　「学社融合」は学社連携を一層進めた考え方と言える。1996年の生涯学習審議会答申「地域における生涯学習機会の充実方策について」では、学社連携と学社融合に関して「従来、学校教育と社会教育との連携・協力については、学社連携という言葉が使われてきた。これは、学校教育と社会教育がそれぞれ独自の教育機能を発揮し、相互に足りない部分を補完しながら協力しようというものであった。しかし、実際には、学校教育はここまで、社会教育はここまでというような仕分けが行われたが、必要な連携・協力は必ずしも十分ではなかった。学社融合は、学校教育と社会教育がそれぞれの役割分担を前提とした上で、そこから一歩進んで、学習の場や活動など両者の要素を部分的に重ね合わせながら、一体となって子供たちの教育に取り組んでいこうという考え方であり、学社連携の最も進んだ形態と見ることもできる」と述べた。

　つまり学社連携とは、学校と広義の社会教育（地域社会の多種多様な教育・学習活動）が施設・設備や指導者など両者の教育資源を有効に活用して行う教育・学習活動であるが、学社融合とは、学校教育と広義の社会教育がその一部を共有できる活動をつくりだし、且つ一体となって取り組む教育・学習活動のことである。

（2）学社連携・学社融合事業の類型

　学社連携・学社融合の事業は、その主体がどこにあるかによって類型化がなされている。学社連携事業は事業の主体と協力者が明確に区分できるが、学社融合事業は学校教育と社会教育とが対等な関係を保ち総合的・一体的に行うものなので厳密に両者を区分することはできない。そのため学社融合の類型化基準は、先に学社連携・融合事業を働きかけ、その事業成果の多い方を事業の主体と見なしている。

①学校教育主導型

　学校教育が中心となって広義の社会教育の側に協力を呼びかけ、両者が一体となって行う学社連携事業である。その例として、中学校が地域のパソコン・クラブに働きかけ、その会員が教科「技術・家庭」のコンピュータ操作に関する授業で生徒を指導することが挙げられる。学社融合事業の例では、小中学校における家庭科の調理実習を地域住民に「料理教室」として開放し、小中学生と地域住民がともに学ぶことで相乗効果をあげようとする。

②社会教育主導型

　社会教育側が中心となって、学校の施設・設備や教育機能を利用して行う学社連携事業である。また社会教育の側が学校に働きかけて両者が一体となって実施する学社融合事業のことでもある。学社連携事業の例として、地域の社会教育関係団体やサークルが学校教員を指導責任者として体育館を活用する創作活動やスポーツ活動などを挙げることができる。学社融合事業としては、学校の人的・物的資源を活用している広義の社会教育を学校教育の一環として取り込むことなどが挙げられる。

③教育委員会主導型

　地方公共団体が重点的政策として学社連携・学社融合事業を位置づけ、それを受けた教育委員会が基本構想の策定や指導者研修などを担当し、各学校や公民館などの社会教育施設が学社連携・融合事業を総合的に推進しているタイプのこと。具体例として、学社融合生涯学習実践地域の指定、学社融合実践事例集の発行、地域の人材マップの作成、学社連携・学社融合の中核となる学校教育と社会教育関係者の実践的指導力向上を目指した学習研修会の実施等の事業化を挙げることができる。

（3）　学校から地域社会への支援

　学校から地域社会への支援には、学校施設・設備の開放や学校での公開講座開催などが挙げられる。学校施設・設備の開放に関しては、教育基本法、

社会教育法、スポーツ振興法やスポーツ基本法等の法令によると、地域住民の学びに資するため学校施設・設備を開放するといった物的支援の側面や、学校が地域住民に対する各種講座プログラム策定過程において企画・コーディネーター・講師として協力する人的支援の側面がある。

(4) 地域社会から学校への支援
①社会教育施設から学校への支援

　公民館、図書館、博物館、美術館等の社会教育施設での校外授業（調べ学習や「総合的な学習の時間」）の実施や、博物館の展示資料を学校に陳列する学校移動博物館の取り組みを挙げることができる。

　社会教育施設を利用した校外授業を行う学校教員は、授業の充実を図るために社会教育施設の専門職員との情報交換等を日常的に行う必要がある。博物館の学芸員と学校教員との連携が構築されていれば、学芸員・司書が博物館の展示のコンセプトを立案する段階から各学校の教育課程と展示内容との関連を調整することが可能であるし、学校での授業の一部を学芸員・司書が担当することもできる。つまり、施設利用という物的支援のみならず人的支援をも含んだものとなり、両者の協働により学習効果を高めることが期待できる。

　しかし実際には、学校教員と社会教育施設の専門職員との意識の差による齟齬が生じたことも事実である。2002年度に「総合的な学習の時間（総合学習）」が導入された時の混乱が、以下のように報道されている（朝日新聞、2002年3月5日）。

　小中高校の児童・生徒たちが、総合学習が始まるとともに各地の博物館や図書館に押し寄せた。しかし学校と博物館・図書館との知識・学習観の違いにより、その運用に関して以下のような戸惑いが見られた。

　博物館学芸員は、「学芸員と教師の発想は全く違う。連携はそもそも無理」と言い切る。「研究者である学芸員は、特殊なことであっても、子供たちが

面白さを発見することに期待する。一方、教員は知識をうまく伝えるのが仕事。お互いのやり方をもっと理解しなければ連携できない」と悲観的である。

図書館司書は、「学校の先生からは、こちらで用意した本はノイズ（余計な情報）を含みすぎている、という意見を頂く事が多い。調べるということには無駄もある、と私たちは思うのですが」と両者の違いを痛感している。

2002年の博物館教育国際シンポジウムにおいて、博物館が学校の要望に応じすぎて魅力を失うことを危ぶむ意見が多数述べられ、「既成の学校教育の枠に収まらないからこそ、博物館の意味がある。その部分を生かすことが必要」と指摘された。

②地域住民から学校への支援　―学校支援ボランティア―

地域住民から学校への支援として、社会科などの教科、総合学習やキャリア教育を実施する際の校外学習を挙げることができる。学校近隣の商店や工場等の協力を得て職場見学・体験を実施できることや、農地や古民家を開放して農業体験学習や地域の伝統文化に関する学習を支援している。

地域社会における人的側面に着目すれば、上記のような校外学習活動だけではなく、様々な分野において専門性を有する地域住民がその知識・技術を活かして、学校に足を運びゲストとして教育活動を支援している。

（5）学校と地域社会との双方向的支援

近年の顕著な動向として、子供の育成に対して独自のミッションを持ったNPO（民間非営利組織）が活発な学校支援を行っていることを挙げたい。

学校以外の職業・職場を殆ど経験していない教員がキャリア教育を担当する場合や、転勤の多い公立学校教員が勤務校の在る地域の歴史や文化に精通していない場合では、授業設計・実施にかかる教員の負担は非常に大きなものとなる。このような教員の不得手な部分を補い負担軽減を図るために、NPOは自らが有する現場感覚に富む知識技術を学校に提供し、授業計画段階から授業実践まで双方が連携し授業に厚みをもたせようとする。

3 コミュニティ・スクール ——学校運営協議会制度

(1) コミュニティ・スクールとは

　コミュニティ・スクール（Community School）とは、保護者や地域のニーズを反映させるため、地域住民が学校運営に参画できるようにする仕組や考え方を有する学校形態のことである。学校に、学校評議会（school council）、学校理事会（school governing body）などの組織を設置して、地域住民が学校の管理・運営等について審議・提言を行い学校の改善を推進していこうとするもので、その組織の名称や権限は、国、地域や時代によって異なる。

　学校評議会等の構成員は、保護者代表、地域住民代表、学識経験者、教員代表、学校長などであり、学校評議会等が教育方針、学校改善の計画・予算・教育課程編成、学校施設などについて議決権を持つ事例や、校長を雇用・解雇する人事的権限を持つ事例もある。

(2) コミュニティ・スクール（学校運営協議会制度）の導入

　日本においては、学校教育法によって学校の設置者が学校を管理し、法令上特別に定める場合を除いて学校経費を負担するため（学校教育法第5条）、コミュニティ・スクールの設置については、学校の設置者が当該学校を管理する上で必要とされる範囲内で行われる。

　2004年に地方教育行政の組織及び運営に関する法律が改正され、学校を管理する教育委員会の判断で公立学校の学校運営に関する協議機関である「学校運営協議会」を個別に設置することが可能となった。この学校運営協議会を設置した公立学校を「コミュニティ・スクール」と一般的に呼んでいる。制度発足当初においては、教職員の任用に対しても具申できる権限の強さが警戒され順調に普及したとは言えなかった。他方、「社会総がかり」のかけ声によって2008年度に後発の「学校支援地域本部」や「放課後子ども教室」が導入され、コミュニティ・スクールの普及率をすぐに追い越し、学校教育

図8-1　コミュニティ・スクールの仕組み

出所：文部科学省ホームページ

支援の諸活動が全国に普及していった。

　文部科学省は2012年7月、学校運営の改善の在り方等に関する調査研究協力者会議報告書「子どもの豊かな学びを創造し、地域の絆をつなぐ―地域とともにある学校づくりの推進方策―」を受けて、コミュニティ・スクールの推進普及に努めている。2011年には民間組織である全国コミュニティ・スクール連絡協議会が発足し、2015年には教育再生実行会議がすべての公立小中学校に学校運営協議会を設置しコミュニティ・スクールの普及を図るよう提言するに至った。

　2015年12月に取りまとめられた中央教育審議会答申「新しい時代の教育と地方創生の実現に向けた学校と地域の連携・協働の在り方と今後の推進方策について」を踏まえた地方教育行政の組織及び運営に関する法律の改正により、コミュニティ・スクール導入が教育委員会の努力義務となった。コミュニティ・スクールは、学校と保護者や地域住民の建設的意見を学校運営に反映させることで、学校と地域社会が協働して子供たちの豊かな成長を支えるための仕組み（地方教育行政の組織及び運営に関する法律第47条の6）として、「開かれた学校」から学校と地域住民等が力を合わせて学校の運営に取り組むことが可能となる「地域とともにある学校」への転換を図り、学校運営に地域の声を積極的に生かし、地域と一体となって特色ある学校づくりを進めていくことが期待されている。その主な機能は、校長が作成する学校運営の基本方針を承認すること、学校運営に関する意見を教育委員会又は校長に述べることができること、教職員の任用に関して教育委員会規則に定める事項に関して教育委員会に意見を述べることができること、の3点である。

4　地域学校協働活動

（1）地域学校協働活動とは

　地域の高齢者、成人、学生、保護者、PTA、NPO、民間企業、団体・機

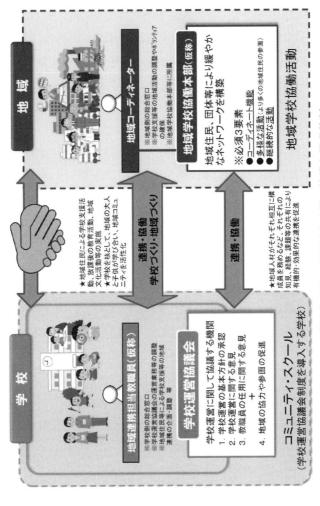

図 8-2　学校と地域の効果的な連携・協働と推進体制

出所：文部科学省ホームページ

関等の幅広い地域住民等の参画を得て、地域全体で子供たちの学びや成長を支えるとともに、「学校を核とした地域づくり」を目指して地域と学校が相互にパートナーとして連携・協働して行う様々な活動が地域学校協働活動である。子供の成長を軸として地域と学校がパートナーとして連携・協働し、意見を出し合い学び合うことにより地域の将来を担う人材の育成を図るとともに地域住民のつながりを深め、自立した地域社会の基盤の構築・活性化を図る「学校を核とした地域づくり」を推進することで地域の創生につなげようとするものである。

　そのために市区町村の教育委員会は、地域学校協働活動の機会を提供する事業を実施するに当たって、地域住民等と学校との連携協力体制の整備、地域学校協働活動に関する普及啓発などの必要な措置を講じることとなった（社会教育法第5条2項）。

（2）地域学校協働活動の実施

　2015年12月の中央教育審議会答申や2016年1月の「次世代の学校・地域創生プラン」を踏まえて、2017年3月に社会教育法が改正された。地域学校協働活動を実施する教育委員会において、地域住民等と学校との連携協力体制の整備や、地域住民等と学校の情報共有や助言等を行う「地域学校協働活動推進員」の委嘱に関する規定が整備されたのである。

①地域学校協働本部

　教育委員会が地域学校協働活動の機会を提供するに当たり、地域住民等と学校の連携協力体制の充実を図る取り組みの一つとして地域学校協働本部の整備を挙げることができる。地域学校協働本部においては、地域と学校のパートナーシップに基づく双方向の「連携・協働」を推進し、「総合化・ネットワーク化」へと発展させていくことを前提とするので、コーディネート機能・多様な活動（より多くの地域住民等の参画による多様な地域学校協働活動の実施）・継続的な活動（地域学校協働活動の継続的・安定的実施）の3要素を備え

る必要がある。

　コミュニティ・スクール制度の発足とともに地域住民等の参画による学校の教育活動を支援する仕組みである学校支援地域本部等がすでに構築されている地域では、それを基盤としてコーディネート機能の強化・より多くの地域住民等の参画による多様な活動の実施・活動の継続的安定的実施を目指して地域学校協働本部へと発展させていくことが期待されている。他方、学校支援地域本部のような活動があまり行われていない地域では、手始めとして放課後や土曜日等の教育・学習支援活動、登下校の見守りなどの身近で実行可能な活動から着手し、徐々に活動の幅を広げ地域学校協働本部に発展していくことが望まれている。

②地域学校協働活動推進員

　地域学校協働活動推進員とは、地域学校協働活動の円滑かつ効果的な実施を図るため、社会的信望があるとともに地域学校協働活動の推進に熱意と識見を有する者の中より教育委員会が委嘱した者である。地域学校協働活動推進員の任務は、教育委員会の地域学校協働活動に関する施策に協力し、地域住民等と学校との間の情報の共有を図るとともに地域学校協働活動を行う地域住民等に対する助言などの援助を行うことである（社会教育法第9条の7）。従前の学校支援地域本部や放課後子供教室等において、地域と学校との連絡調整をする「地域コーディネーター」、地域コーディネーター間の連絡調整等をする「統括コーディネーター」を新たに地域学校協働活動推進員として教育委員会が委嘱できるようになり、法律に基づく存在として地域学校協働活動の推進に関わることが可能となった。

③地域学校協働活動のガイドライン

　教育委員会がそれぞれの地域や学校の特色を生かしながら地域学校協働活動を推進していく際の参考の手引である「地域学校協働活動の推進に向けたガイドライン（参考の手引）」も2017年に作成され、地域学校協働活動の推進、地域学校協働本部の整備、そしてコミュニティ・スクールの促進に実績・効

果のあった先進的事例を紹介している。これを参考としてコミュニティ・ス
クールと地域学校協働活動が一層推進されるよう活用されることが期待され
ている。

引用・参考文献等

　伊藤俊夫編『学社融合』全日本社会教育連合会、2000年。

　遠藤克弥編著『地域教育論』川島書店、2011年。

　関口礼子ほか編『新しい時代の生涯学習』第3版、有斐閣、2018年。

　田中雅文・坂口緑・柴田彩千子・宮地孝宜『テキスト生涯学習』学文社、2008年。

　仲田康一『コミュニティ・スクールのポリティクス　学校運営協議会における保護
　　者の位置』勁草書房、2015年。

　日本生涯教育学会年報第17号『地域における生涯学習推進と学社融合』1996年。

　山本恒夫・浅井経子・坂井知志編『「総合的な学習の時間」のための学社連携・融
　　合ハンドブック』文憲堂、2001年。

第9章　生涯学習としてのスポーツ

1　生涯学習時代におけるスポーツの意義

　生涯学習を推進するだけでなく国民の福利健康の増進という観点からも、スポーツが果たす役割は年齢を問わず重要となっている。

（1）現代スポーツの特性

　スポーツとは、disport という楽しみ、遊びといった意味の語に由来する。広辞苑第六版（2008年）によると「陸上競技・野球・テニス・水泳ボートレースなどから登山・狩猟にいたるまで、遊戯・競争・肉体的鍛錬の要素を含む身体運動の総称」と定義されている。

　1970年代に入ってから、それまでブルジョワやエリート、つまり階層の高い者たちの独占物であったスポーツは、一個人の心身の健康だけでなく教育や文化の維持・発展にとって重要な要素と見なし、大衆にも開放すべきものとして考えられるようになった。このような潮流のなか、ヨーロッパ共同体（EC）スポーツ担当者会議は1975年に「みんなのスポーツ憲章」を採択した。そこでは国民・大衆のスポーツ振興のため、すべて個人はスポーツを行う権利を有すること、人間の発育発達において重要なファクターであるスポーツを促進するため公共機関の適切な援助が行われなければならないこと、などを掲げた。さらに1978年11月のユネスコ第20回総会の「体育・スポーツ国際憲章」の決議で、すべての人間にスポーツを追求し実践する権利があることを宣言した。これらは、それまで一部の特権階級や身体的エリートに独占されていたスポーツを、公的財源をもって一般大衆に保証すべき権利として提

示しており画期的な指針であった。

　ユネスコの体育・スポーツに関する諮問団体である国際スポーツ体育協議会東京会議での「スポーツ宣言」(1964年)において、スポーツを機能的側面から「学校のスポーツ」、「レジャーのスポーツ」、「競技のスポーツ」の三つに分類した。

　「スポーツ」の範囲については種々の見解があるが、スポーツ庁が定めた「第二期スポーツ基本計画(平成29年度〜平成33年度)」では「身体を動かすという人間の本源的な欲求に応え、精神的充足をもたらすもの」と定義されている。つまり、スポーツとは一部の競技選手や運動が得意な人だけのものではなく、個人の適性・志向に応じて自由に楽しむことができる「皆のもの」と考えたのである。

　スポーツへの関わり方には、自分自身で行う(「する」)もののほか、直接会場に行ったりテレビなどのメディアを利用して観戦(「観る」)するもの、さらにサポーターとして応援(「支える」)を行うもの、という様態がある。

　自分自身が「する」スポーツは、体力向上や健康増進が期待されるし、スポーツを通して、集中力、克己心、他者への思いやりやルール遵守のフェア・プレイ精神が涵養されるなど人格形成に深く関わっている。娯楽としてのスポーツや、スポーツを通じて健康の維持・増進を図る「健康スポーツ」は勿論のこと、生涯学習時代に対応して人々がその生涯を通じて必要に応じいつでもスポーツを行おうとする「生涯スポーツ」もまた「する」スポーツに含まれると言えるだろう。

　「観る」スポーツは、プロスポーツやアマチュアによるオリンピックなど、そのスポーツに長じた者たちの競技・試合を観戦・応援して楽しむというスタイルでありメディアの発達により促進された。「観る」スポーツから派生したのが「支える」スポーツである。スポーツが職業として成立した(プロ化)ことが大きい。好きなチームや個人を応援するため支援者(サポーター)になって、応援するチームの試合会場に足を運び選手たちに声援を送り続け

るだけでなく、時にはチームへの募金活動やチームグッズ購入などを積極的
に行うという密着度や貢献度の高い楽しみ方である。このような活動は選手
を育てるのみならず地域企業等も参加した地域振興策としても着目されてい
る。

（2）高齢社会におけるスポーツ

　著しい高齢化が進む我が国において、平均寿命は毎年過去を上回って更新
される状況が続いている。WHO（世界保健機関）は、65歳以上の人口が総人
口の7％を超え14％までを「高齢化社会」、65歳以上の人口が総人口の14％
を超え21％までを「高齢社会」、65歳以上の人口が総人口の21％を超えてい
る場合を「超高齢社会」と定義した。現在の日本は65歳以上の人口が総人口
の21％を超えているためその定義では「超高齢社会」なのだが、高齢者の割
合が多いという意味で「高齢社会」を使用する。先人たちが経験したことの
ない高齢社会に突入した今日の日本では、高齢期を充実させる学習が強く求
められるようになってきた。生き生きとした人生を送るには心身共に健康で
あることが必要であり、そのためにスポーツをたしなみ継続していくことで
寿命そのものよりも健康寿命を伸ばすことが重要であると認識されるように
なった。

　『健康手帳』（厚生労働省）によれば「健康寿命」とは、日常生活に制限の
ない期間を指し、「起床、衣類着脱、食事、入浴など普段の生活における動
作が一人ででき、外出、仕事、家事、学業、運動などに制限がない期間」と
規定された。同手帳には健康寿命を伸ばす習慣として、生活習慣病の予防、
適切な食生活、適度な運動、十分な睡眠、禁煙、適度な酒量、歯・口腔の健
康保持が挙げられている。

　高齢者が「適度な運動」としてスポーツを行うことは、健康寿命を伸ばす
ことにつながる。高齢者には、身体に負担をかけず、仲間と一緒に楽しむス
ポーツが適している。例えば、ストレッチやラジオ体操、ゲートボール、ウ

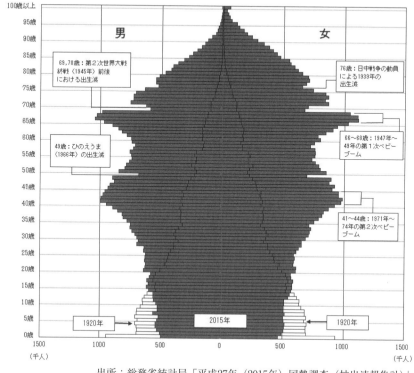

表 9-1　わが国の人口ピラミッド（2015年速報値）

出所：総務省統計局「平成27年（2015年）国勢調査（抽出速報集計）」

ォーキング、ハイキングなどを挙げることができる。

　健康寿命の長さを表す標語として「ピンピンコロリ（PPK）」、つまり病気に苦しむことなく、元気で長生きし、最後は寝たきりにならずにコロリと死ぬことを表した標語がある。中高年齢者の体力づくりのために長野県下伊那郡高森町教育委員会が1980年前後から主導した健康長寿体操実践を「ピンピンコロリ」運動と呼ぶようになり、日本体育学会での発表により全国的な注目を集めるようになった。長野県では男性の平均寿命が全国１位を保持し続けていることもあり、この運動の普及に力を入れている。

2　体育とスポーツの発展

(1)　体育とスポーツの関係

　体育の内容がスポーツを中心に構成されているためスポーツと体育の概念は混同されることが多い。両者を区別して考えるならば、スポーツは活動そのものに価値を求めて行うものであるのに対して、体育は一定の教育目標を達成するために行う活動と言うことができよう。

　さらに体育は、行われる場所やその対象等によって学校体育と社会体育に大別できる。学校体育は、心身の発達促進、体力向上、運動技能の獲得、社会的態度の育成、運動の生活化等を目標として、教育課程における体育（保健体育）科や特別活動、中学校・高等学校における課外活動としての部活動などで構成される。社会体育は学校体育以外の体育を総称したもので、地域住民や職場で働く人たちが健康やレクリエーションとしての運動を行うために、施設、プログラムや適切な指導を提供するものである。社会体育は、体育と言うよりむしろスポーツやレクリエーションといった性格を有する。

(2)　近代日本における体育・スポーツの展開

①戦前

　日本の学校体育は、1872年の「学制」により小学校教科として「体術」、翌年に「体操」と改称されて始まり、1886年には中学校（旧制）でも行われることとなった。その内容は、号令により一斉に集団が動く普通体操と、初代文相森有礼が主導した操銃等の兵式体操であった。大正期には生理学や解剖学を基礎としたスウェーデン体操や各種スポーツが教材として取り上げられ内容が豊富になっていく。昭和戦前期には国防力向上に資する皇国民養成のため1941年に体操と武道からなる「体錬科」と改称され軍事訓練的性格が強められた。

　スポーツは、富裕層や特権的階層によって普及を見た。特に西洋から入っ

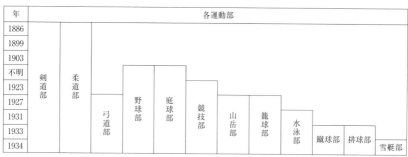

表 9-2　山形中学校運動部の変遷

年	各運動部											
1886	剣道部	柔道部										
1899												
1903												
不明												
1923												
1927			弓道部	野球部	庭球部	競技部	山岳部	籠球部				
1931									水泳部			
1933										蹴球部	排球部	
1934												雪艇部

出所：山形県立山形高等学校校史編纂委員会『山形東高等学校百年史』山形県立山形東高等学校、1987年、186頁。同好会は含んでいない。

てきた野球、テニスやラグビーなどは、まず大学などの高等教育機関で盛んとなり、やがて旧制中等学校に広まっていった。大学等が主催する中等学校のためのスポーツ大会に中等学校の各運動部が参加するようになり、中等学校と大学等との連携・接続関係が形成されていく。また、中学校（旧制）における運動部の競技種目は多様化していった。山形県立山形中学校（現山形県立山形東高等学校）を例にとると、明治期にあっては剣術・柔術といった武道中心であったものが、明治後期から大正時代にかけて野球、庭球、陸上、昭和になって籠球、山岳、水泳、蹴球、排球、雪艇などの西洋スポーツが導入されていった。

　自ら行うスポーツが中・高等教育を受けられる恵まれた階層の子弟の独占物であったのに対して、「観る」スポーツはメディアを通じて大衆が楽しめるものとして拡がっていった。有名な例として学生野球の早大対慶大戦、いわゆる「早慶戦」を挙げることができる。1925年に東京六大学野球連盟が発足するとともに早慶戦が復活した。昭和に入ると当時普及し始めたNHKのラジオで早慶戦が放送され人気を博したが、特に1929年秋の早慶戦での実況放送担当・松内則三アナウンサーによる「夕闇迫る神宮球場、ねぐらへ急ぐカラスが一羽、二羽、三羽…」の名調子は有名である。早慶戦の様子は新国

図 9-1　早慶戦天覧試合（昭和 4 年11月）

出所：慶應義塾福澤研究センター

劇によって「早慶決戦の日」として舞台化され、帝国キネマは映画「若き血に燃ゆる者」を制作し、大阪の漫才師である横山エンタツ・花菱アチャコは「早慶戦」を演目として人気沸騰となるなど、野球というスポーツが社会文化として広く浸透していくこととなった。

　②戦後

　学校体育は、学習指導要領により小学校から高等学校まで必修となっている。その名称は、小学校で「体育」、中学校・高等学校では1947年版学習指導要領では小学校と同じく「体育」であったが1951年版学習指導要領から「保健体育」に改められ現在に至る。1949年に新制大学が発足する際、人間生活の基本である健康・体力に対する認識を深め、これを維持向上する方法を修得する目的から、大学の教育課程でも体育は必修科目となった。1991年の大学審議会答申「大学教育の改善について」を受け大学設置基準が改正さ

れ、従前の一般教育科目・外国語科目・保健体育科目及び専門教育科目という区別を廃止し、科目区分と単位数の設定は各大学が自由に行えるよう弾力化がなされた。そのため、体育を必修とするか選択とするかは大学の判断となった。

　社会体育は学校体育の充実に比して十分とは言えない情況が続いた。それは西洋の体育が民間のスポーツクラブから発展したものであるのに対して、日本の場合は学校体育を中心に展開してきたという歴史的・文化的背景があり、そのため学校卒業後に身体活動の場を整備することが遅れたと指摘されている。近年は、公共社会体育施設の整備、学校施設の開放、さらに社会体育の指導者養成システム構築などの整備・充実が各方面で進められている。

3　生涯学習としてのスポーツ振興政策

　1949年の社会教育法では「体育及びレクリエーションの活動」を社会教育に含むことが規定された（同法第2条）。しかし、法律におけるスポーツについての規定は抽象的だとするスポーツ振興審議会の要望もあり1961年に「スポーツ振興法」が制定された。

　日本のスポーツ界は1949年5月に国際社会に復帰して以来、我が国のスポーツの立ち後れを取り戻そうとする強い要望を持ち、他方、国民は生活水準向上に伴う余暇の増大等によりスポーツへの関心や要求が高まりを見せていた。東京オリンピック招致を契機として内閣総理大臣の諮問機関であるスポーツ振興審議会からスポーツ振興のための立法措置の要望が出され、超党派の国会議員によるスポーツ振興国会議員懇談会がスポーツ振興法案を提出して可決成立した。社会教育法の特別法として位置付くスポーツ振興法は、全文23条と附則より構成された簡素なもので、その制定目的を「スポーツの振興に関する施策の基本を明らかにし、もって国民の心身の健全な発達と明るく豊かな国民生活の形成に寄与すること」（同法第1条第1項）とした。本法

は、学校体育・スポーツを排除せずスポーツ全体の振興を目指したのである。また、わが国のスポーツ振興策の責任者は文部科学大臣であり（同法第4条）、その策定については諮問機関である保健体育審議会の意見を聞くべきこととされた。

　保健体育審議会が答申した1972年の「体育・スポーツの普及振興に関する基本方策について」では、学校中心であった日本のスポーツの状況に対して、社会体育、つまり一般市民スポーツの振興の必要性が強調され、公共スポーツ施設を計画的に建設すべきことを提案した。1989年の答申「21世紀に向けたスポーツの振興方策について」では、21世紀に向けて生涯学習社会・高齢社会に対応する生涯スポーツ振興の必要性を強調し、多様なスポーツにおける指導者養成・確保など生涯スポーツ振興の方策と21世紀における文化としてのスポーツの役割を重視してプロを含む高水準のスポーツ振興を提案した。「生涯スポーツ」という用語が公式に登場したのもこの答申である。1997年の答申「生涯にわたる心身の健康の保持増進のための今後の健康に関する教育及びスポーツの振興の在り方について」では、地域に基盤を置くスポーツ活動の育成を提案し、少子化・教員の高齢化など曲がり角を迎えた学校と地域社会の連携強化や多種目にわたる「総合型地域スポーツクラブ」を育成し多世代が利用でき人生の諸段階に見合ったスポーツと体力づくりを行うべきことが提案された。2000年の答申「スポーツ振興基本計画の在り方について―豊かなスポーツ環境を目指して―」では、スポーツ振興基本計画を策定するに際して、生涯スポーツ社会の実現に向けた地域におけるスポーツ環境の整備充実、我が国の国際競技力の総合的な向上、生涯スポーツ・競技スポーツと学校体育との連携推進といった諸点について具体化することを求めた。

　2006年に設置された「スポーツ振興に関する懇談会」は、翌年に「『スポーツ立国』ニッポン―国家戦略としてのトップスポーツ―」を公表しスポーツ省の設置や新たなスポーツ振興法の制定を提言し、また2009年の教育再生懇談会第四次報告では「総合的なスポーツ振興施策の展開」としてスポーツ

基本法の制定やスポーツ庁の設置が提言された。これらを受けて、スポーツ振興法を全面改定した形で2011年にスポーツ基本法が制定された。

　スポーツ基本法は、その前文で「スポーツ立国の実現を目指し、国家戦略として、スポーツに関する施策を総合的かつ計画的に推進する」と謳い、スポーツ振興を国家戦略として位置付けていることが特色である。スポーツを通じて幸福で豊かな生活を営むことが人々の権利であるとし、「国民が生涯にわたりあらゆる機会とあらゆる場所において、自主的かつ自律的にその適性及び健康状態に応じて行うこと」などの基本理念を掲げ（同法第2条）、スポーツに関して国及び地方公共団体の責務、スポーツ団体の努力等について定めた（同法第3条〜第7条）。なお、スポーツを所管する文部科学省と、障害者福祉を所管する厚生労働省にまたがる障害者スポーツ施策は、福祉の観点だけでなくスポーツ振興の観点からも推進する必要がある。

4　地域スポーツの振興

（1）ライフステージとスポーツ

　人間の一生における各段階で我々はスポーツに親しんでいるが、ライフステージ毎にその様態や傾向は異なったものとなる。

　幼児期でのスポーツ活動は4歳から5歳にかけて始めることが多く、スイミング（約20％）、体操教室・運動遊び（約15％）が人気で、「身体を動かすことを楽しむ」や「丈夫で健康な身体になる」といった子どもに対する母親の希望を映し出していると言う（ベネッセ教育総合研究所第3回「学校外教育活動に関する調査」2017年）。

　学校に通うようになると学校体育が主体となるが、小学校・中学校期にはスポーツ少年団や子ども会などによりスポーツを楽しむ機会が提供される。また中学校・高等学校では課外活動としての運動部活動が盛んとなり、生徒たちは全国中学校体育大会や高等学校総合体育大会（インターハイ）をはじ

めとする各種体育大会に向けて修練に励んでいる。大学期には学生自治組織に属する運動部や、同好の士が集まって形成されるサークル・同好会でスポーツが行われている。

壮年期は、社会人・家庭人として時間的制約が多くなりスポーツ活動から遠ざかる時期である。仕事、家事、子育てや地域活動参加などの比重が増え自由時間の確保が難しくなるため、意識的にスポーツ活動を行うよう努める必要がある。行政でもそれをサポートする体制を構築し普及させることが肝要となるほか、民間団体の果たす役割も大きくスポーツ団体の育成がなされている。家族みんなでスポーツを楽しむほか、職場や地域でのスポーツ活動や総合型地域スポーツクラブに参加することなどによりスポーツに親しむことが望まれる。

老年期は、一般的に加齢による身体の衰えが顕著となるので、できる限り体力・運動能力の維持を図る必要がある。仕事や子育てが一段落して個人の自由時間を再び持てるようになるため、その時間を有効活用してスポーツを楽しむことができる時期なので主体的に健康づくりに心がけて行動することが重要となる。行政や民間団体は、家族や仲間をはじめ、世代間を超えた人々とスポーツや趣味を通じて積極的に交流を図る場所・機会の提供等の推進・充実に努力している。

(2) スポーツ指導者の養成

日本スポーツ協会は、「わが国におけるスポーツの統一組織としてスポーツを推進し、遍く人々が主体的にスポーツを享受し得るよう努めるとともに、フェアプレー精神を広め深めることを通して、多様な人々が共生する平和と友好に満ちた持続可能で豊かな社会の創造に寄与すること」（定款第3条）を目的とする公益財団法人であり、各種競技団体、都道府県体育（スポーツ）協会などが加盟している。この目的を達成する事業の一つとして、「スポーツ指導者の育成及び活用」（定款第4条）を挙げている。

表9-3　公認スポーツ指導者認定種類

領域	認定種類
基礎資格	スポーツリーダー
競技別指導者資格	スタートコーチ コーチ1 コーチ2 コーチ3 コーチ4 教師 上級教師
フィットネス資格	ジュニアスポーツ指導員 スポーツプログラマー フィットネストレーナー
メディカル・コンディショニング資格	スポーツドクター アスレティックトレーナー スポーツ栄養士 スポーツデンティスト
マネジメント指導者資格	アシスタントマネジャー クラブマネジャー

出所：日本スポーツ協会ホームページ

　「公認スポーツ指導者」制度は、生涯スポーツ推進の中心となる指導者を養成するもので、年齢、技能レベル、興味や志向など多様なスポーツ活動に対応するため、スポーツ医学・科学の知識を活かしてスポーツを「安全に、正しく、楽しく」指導し、その「本質的な楽しさ・素晴らしさ」を伝えることが任務である。

　スポーツ少年団の指導者についても、「日本スポーツ少年団リーダー制度」に基づいて指導者と協力して団員をまとめるリーダー個々の資質・技能の向上を図るとともに、将来のスポーツ少年団指導者として育成するためにリーダースクールの実施と資格認定を行っている。単位団において団員の模範となって活動する「ジュニア・リーダー」と、単位団およびリーダー会におい

て模範になって活動する「シニア・リーダー」がある。

（3）スポーツ振興の取り組み　―弓道の事例―

　ここでは茨城県水戸地区における弓道振興を学校体育と社会体育に分けて取りあげる。

　学校体育について。1989年の改定学習指導要領改定では、柔道・剣道の領域名を「格技」から「武道」と改称し、その内容の取扱いについては「地域や学校の実態に応じて、相撲、なぎなた、弓道など」その他の武道が履修可能となった。しかし柔道・剣道以外の武道を正課とする学校は極めて少なく、一般的に部活動として取り組まれている。水戸地区の学校弓道部の設置状況は、中学校18校（国立１、公立15、私立２）のうち４校（公立３、私立１）で約22％、全日制高等学校15校（公立８、私立７）のうち８校（公立６、私立２）で約53％、中等教育学校１校（私立１）で設置なし、大学２校（国立１、私立１）で１校（国立１）である。水戸市内公立中学校における弓道部設置は昭和50年代に学校が生徒の要望に応えるため始まっている（水戸市総合教育研究所の會澤貴臣指導主事が2020年に行った調査による）。

　社会教育について。社会人は茨城県弓道連盟が認証した支部（大学を除き茨城県全体で62支部、うち水戸地区は16支部）に入り弓道活動を行うことが一般的である。そのほか、未経験者・初心者を対象として公益財団法人茨城県体育協会管下の堀原運動公園管理事務所が武道教室を開催している。この武道教室は1982年に剣道・柔道・弓道・空手・薙刀の５コースで始まり、2004年から新たに少林寺拳法に加わった。武道教室の開講期間は１年で、弓道については茨城県武道館弓道場を利用して週１回２時間、茨城県弓道連盟から派遣される講師の指導により行われる。

表 9-4　水戸市の学校弓道部設置状況

学校種	学校名	設置者
中学校	水戸市立第二中学校	水戸市
	水戸市立千波中学校	水戸市
	水戸市立内原中学校	水戸市
	茨城中学校	学校法人茨城
高等学校	水戸第一高等学校	茨城県
	水戸第二高等学校	茨城県
	水戸第三高等学校	茨城県
	緑岡高等学校	茨城県
	水戸工業高等学校	茨城県
	水戸桜ノ牧高等学校	茨城県
	茨城高等学校	学校法人茨城
	水城高等学校	学校法人水城高等学校
大学	茨城大学	国立大学法人茨城大学

出所：茨城県弓道連盟『平成30年度茨城県弓道連盟規約・審査規定・大会要項・会員名簿』2018年。

引用・参考文献

入江康平『近代弓道小史』本の友社、2002年。

鈴木隆雄『超高齢社会の基礎知識』講談社現代新書、2012年。

関口礼子・西岡正子・鈴木志元・堀薫夫・神部純一・柳田雅明『新しい時代の生涯学習』第3版、有斐閣アルマ、2018年。

団琢磨・大橋美勝編『学校五日制と生涯スポーツ』不昧堂出版、1993年。

文部省編『学制百年史』帝国地方行政学会、1972年。

文部省編『学制百二十年史』ぎょうせい、1992年。

山本正身『日本教育史』慶應義塾大学出版会、2014年。

渡邊融・臼井永男編『改訂版保健体育』放送大学教育振興会、2001年。

第10章　生涯学習とノーマライゼーションの理念

　社会教育施設で行われる生涯学習活動には、社会福祉に関係する諸活動が含まれることは言うまでもない。古くは戦後の公民館で多様な社会福祉活動が展開されていたし、例えば東京三多摩地区では、社会教育と社会福祉が多様な形で連携した諸活動が1980年代初頭から始まり現在まで続けられている。そうした諸活動が必要とされてきたのは、憲法第25条第2項の「国は、全ての生活部門について、社会福祉、社会保障及び公衆衛生の向上及び増進に努めなければならない」の精神が生かされてきたという歴史的背景がある。

　中でも障害者に対する多様な学習活動の保障は、生涯学習を進める際には欠かすことのできないものである。そうした学習活動の新しい展開が見られたのは、1981年の国連の「国際障害者年」に取り上げられた「完全参加と平等」というテーマである。そこには、デンマークのバンク・ミケルセンが提唱した「ノーマライゼーション」の理念の存在があると言われている。彼が主張したノーマライゼーションとは、障害のある人をノーマルにしていくことではなく、障害のある人に健常者と同じ生活条件を作り出し、障害のある人もない人も同じ活動が行えるように、社会の仕組みだけではなく、我々の意識そのものも変えていくことを意味する。これは、ある意味では基本的人権の考え方に対するパラダイム転換であり、マジョリティの権利をマイノリティにも拡大させるという考え方ではなく、双方ともに理想の共生社会の構築に向かって努力することを意味する。

　さらにそのような考え方は、単に障害者だけに限らず、社会的扶助が必要な子どもたちや、高齢者、被災者、また社会的に冷遇され差別を受けてきたマイノリティ全体へと広がりを見せている。もはやノーマライゼーションの

理念は、障害者への対応に限定されないものになっている。

　ただ、ノーマライゼーションの出発点は、障害者の福祉政策から始まったことは間違いない。ここではまず最初に、日本の障害者に対する社会福祉政策の展開と生涯学習のあり方について論究したい。

1　ノーマライゼーション実現のための「合理的配慮」

　我が国のノーマライゼーション理念の実現に重要であったのは、2011年に改正された「障害者基本法」である。この法律が制定されたのは1970年であり、当初の目的は障害者の自立と社会参加を支援するための行政等の責務を規定し、障害者の福祉増進を目指すことであった。

　ところが2011年の改正では、従来の目的とは大きく異なる重要な変更がなされた。こうした改正の背景には、2006年に国連において採択された「障害者の権利に関する条約」（以下、障害者権利条約）の批准への対応があったと言われている。

(1)　障害者権利条約の歴史的意義

　障害者権利条約は、21世紀に入って初めて締結された人権条約であり、2019年までには181か国が批准を済ませている。その特徴として注目されるのは、障害者に関する法律を、従来のような社会福祉的な側面からではなく、国際的な人権法の側面から捉えなおした点である。

　それにより障害者は、これまでのように保護されるべき対象ではなく、権利の主体と見なされるようになった。従来障害者は、保護を前提とする存在、あるいは福祉サービスを与えられる存在であり、障害者の処遇や制度の策定に関しても、障害者たち自身の意見が直接反映されるよりは、専門家集団のリードの下に行われることが多かったと言われている。そうしたこれまでの状況を変革させるため、条約制定のプロセスにおいてNGO等の障害者団体

の参画を認め、障害当事者も各国政府の代表として選出されたことは画期的
な改革であった。

　さらに障害のレベルや能力評価に限らず、障害者の認められるべき「権
利」は健常者と同じであると確認された点も注目される。ただ、そのような
対応だけでは、障害者が現実に直面している社会的障壁が解消されるわけで
はないので、全ての人に与えられる「平等」を障害者にも付与されるよう社
会生活や社会環境を劇的に変えていくことが義務づけられた。このような考
え方は、従来、障害者は、社会において「〜できないこと」、例えば「見る
ことができない」「聞くことができない」等、健常者と同じ活動できないか
ら社会的に排除するという考え方の根本的転換を意味する。そのために必要
な配慮を「合理的配慮」と呼び、その文言が条文に明記された。

　　「『合理的配慮』とは、障害者が他の者との平等を基礎として全ての人権
　　及び基本的自由を享有し、又は行使することを確保するための必要かつ
　　適当な変更及び調整であって、特定の場合において必要とされるもので
　　あり、かつ、均衡を失した又は過度の負担を課さないものをいう」

　　　　　　　　　　　　　　　　　　　　　　　　　　（日本政府公定訳）

　この条文の合理的配慮とは、まさに障害者の生活それ自体が健常者同様に
「ノーマル」になるよう求める社会的配慮である。しかも重要なのは、障害
による諸々の問題は個人の側に帰されるのではなく社会の側の問題であり、
障害に伴う不平等や不利益の改善や解消の問題は社会が解決するべきであり、
そうした対応がなされなかったら、たとえ意図的ではないとしても障害者へ
の「差別」に当たるとしている点であった。

（2）障害者基本法の改正
　先に指摘したように、元来障害者基本法の土台となっている理念は社会福

祉的なものであった。そのため障害者問題を障害者権利条約の精神に沿った形で改革するためには、人権法的視点に立った改正を行う必要がある。2011年の障害者基本法の大幅な改正にはこのような背景があった。改正において特に注目されるのは、以下のような条文が付け加えられた点である。

> 「社会的障壁の除去は、それを必要としている障害者が現に存し、かつ、その実施に伴う負担が過重でないときは、それを怠ることによって前項の規定に違反することとならないよう、その実施について<u>必要かつ合理的な配慮</u>がされなければならない」

（障害者基本法第4条第2項：下線引用者）

　下線部のように、障害者基本法には、障害者権利条約に記載された合理的配慮の文言が付け加えられており、日本においても障害者は、保護されるべき存在から、権利主体としての存在へと立場が変わった。そのため、この基本法においては、「障害者」概念に関しても画期的な改正がなされた。それは第2条において「障害」の定義を大きく変更したことである。

　従来の障害者は、医学的見地から「身体障害」「知的障害」「精神障害」等、いわば心身の機能的な損傷を基準としていた。しかし今回の改正で注目されるのは、精神障害に「発達障害」を含めただけでなく、「その他の心身の障害」も規定し、性同一障害等、従来ならば障害には含まれなかった人々も日常生活や社会生活で制限や差別を受けている場合には、合理的配慮の必要性が求められた点である。

　このように合理的配慮は、ノーマライゼーション理念に極めて近いものであることが分かる。すなわち合理的配慮とは、障害者を健常者のように普通にする配慮ではなく、障害者が普通に暮らせるように社会の基本設計を組み換え、障害者と健常者の区別なく両者が共生できる社会構築に必要不可欠な「配慮」を意味している。

2　障害者差別解消法とマイノリティの〈学び〉の保障

(1)　障害者差別解消法の重要性

　障害者基本法の改正を受けて、2013年には「障害を理由とする差別の解消の促進に関する法律」（以下、障害者差別解消法）が制定され、差別解消の実施のための準備期間を経て2016年から施行された。同法は、大幅な改正が必要であった基本法とは違い、制定の検討段階から障害者権利条約に則って策定されたので条約の精神が十分に生かされている。特に障害に関わる様々な用語の定義が第2条でなされており、障害者権利条約以来もはや世界的に常識である定義が使用されている。例えば「障害」と「社会的障壁」の定義は以下のとおりである。

〈障害者〉

「……身体障害、知的障害、精神障害（発達障害を含む。）その他の心身の機能の障害（以下「障害」と総称する。）がある者であって、障害及び社会的障壁により継続的に日常生活又は社会生活に相当な制限を受ける状態にあるものをいう。」

　　　　　　　　　　　　　　　　　　　　　　　　　　　　　（第2条第1項）

〈社会的障壁〉

「……障害がある者にとって日常生活又は社会生活を営む上で障壁となるような社会における事物、制度、慣行、観念その他一切のものをいう。」

　　　　　　　　　　　　　　　　　　　　　　　　　　　　　（第2条第2項）

　注目したいのは第2条第1項に「その他の心身の機能の障害」という文言が基本法と同様に記載されことである。すなわち障害には、身体・知的・精神障害だけでなく、「その他の心身の機能の障害」が含まれ、それによって社会的不利益を被っている全ての「マイノリティ」に対して、行政は合理的配慮を行うべき義務があることが明記されている。

（2）社会的マイノリティへの眼差し

　一般に、社会における様々な場所で、区別されたり、制限を受けたり、排除されたりして、基本的人権が尊重されていない人々は、社会的差別を受けていると見なされる。

　しかしながら、そのような差別はどうして起こるのだろうか。それは、人権が保障されている多くの人々、すなわち「マジョリティ」の人々の属性とは違うものを持つことが、区別・制限・排除の要因になると言ってよいだろう。それが意識的であれ、無意識的であれ、マジョリティの「常識」だけが正当であるとの見方があると、社会的マイノリティが生み出されてしまう。しかもその種の常識が隠れた形で日常化していると、マイノリティが存在なき存在として見過ごされてしまう。

　こうした状況で差別は見えない形で広がると、マジョリティの常識による強い抑圧構造がマイノリティの主張を押しつぶすし、マジョリティ側の無関心は彼らの主張に耳を傾けることもなくなっていく。今我々に求められているのは、社会的差別を持つことなく、多種多様な価値観や存在を認め合い、異なる価値観や世界観を知り、文化の多様性を認め合うことである。そのため、従来は障害や差別の対象とは見なされてこなかったマイノリティの立場の人々にも関心を向け、彼らの存在を認め、共に生きていく共生社会の構築を目指す必要がある。

　近年、学校教育現場でも関心が高まっていることの一つに「LGBTQ」の人々の問題があり、彼らの〈学び〉を保障していくことが重要な教育課題となっている。今の社会においてLGBTQの人々は、いわゆるセクシャルマイノリティの存在なのである。

　セクシャリティは、人間の性に対するあり方全般を意味するが、それを理解するには、以下の4つの「性」の問題を知ることが重要である。
①生まれた時に割り当てられた生物学的な性（体の性）
　母子手帳で選択された男性、女性、不明であり、戸籍上は男性と女性の二

つになる。

②各個々人が自覚している性同一性、性自認の性（心の性）

　自分自身が自覚している男性、女性や、それらのどちらかなのかを模索している存在。

③社会的に期待される性役割を行う性

　性別によって期待される行動や役割による性で、服装、言動、しぐさや見た目によって区別される。

④各個々人が相手に対して抱く性的魅力や恋愛感情による性的指向性

　異性としての男女を対象とする（ヘテロセクシャル）、男女両方を対象とする（バイセクシュアル）、性別にとらわれず他者に対して性的魅力や恋愛感情を抱く（パンセクシュアル）、性的魅力や恋愛感情を感じない（アセクショアル）等がある。

　こうしたセクシャリティに関する基本的理解に基づけば、LGB は、③や④の理解から分類されるもので、L はレズビアン（女性同性愛者）、G はゲイ（男性同性愛者）、B はバイセクシュアル（両性同性愛者）の略称として使われている。T のトランスジェンダー（体と心の性が一致しない者）や Q のクエスチョニング（心の性や性的指向性が定まらない者）あるいは、クイア（Queer：元来「奇妙な」という差別用語であったが、近年は性の区別に悩む者の総称になっている。日本では X ジェンダーとも言う）は、主に②、③、④に関わる人々になる。こうした大きな二つの区分で説明できるとしても、セクシャリティに関する考え方や用語の使用法は時代と共に変化しており、定義の仕方も多様になっている。

　しかしながら問題なのは、そのような定義の多様性やその厳密性にあるのではなく、LGBTQ の人々が社会生活を営む際に生じる様々な社会的障壁は、常に彼らをセクシャルマイノリティの立場にする危険性があることだ。社会全体がマジョリティの常識に基づき、彼らの存在に目を向けなかったり、無

関心でいる時、彼らはいつでもマイノリティの存在へと押し込められてしまう。

　こうした見方や考え方をいつも持っていないと、マイノリティの〈学び〉は保障が十分になされなくなることに注意を向ける必要がある。特にあらゆる局面で国民の学習権を保障する生涯学習活動においては、このような諸点常に意識するのが極めて重要である。

3　障害者福祉から障害者バラエティーへ──メディア番組の事例から

　ノーマライゼーションの視点から、障害者問題を福祉的側面から取り上げるのではなく、バリアフリーのバラエティーを発信している TV 番組がある。それが2016年 4 月 6 日から放映されている NHK 教育テレビジョンの「バリバラ～障害者情報バラエティー」（以下、バリバラと記す。バリバラとは「バリアフリーバラエティー」の略称）である。放映が始まった前年には障害者基本法の大幅改正がなされたこともあり、その番組内容は大きな注目を集めた。

（1）　固定化された障害者像への挑戦

　バリバラは、我が国初の障害者のためのバラエティー番組である。この番組の特徴は、その前身の障害者福祉番組が、障害者を健常者の「感動」や「励まし」の対象とするような構成になっており、当事者の意見よりも視聴者の意見が優先される傾向が強かったことを改め、当事者としての障害者の視点から番組内容を根本的に変えた点である。

　そのきっかけになったのは、障害者の視聴者からの苦情であったと言われている。その苦情の多くは、従来の報道番組やメディアの障害者の取り上げ方が、障害者が一生懸命努力している姿をことさら強調し、素朴で純真な障害者像を固定しているとの意見だった。

　このように固定化された障害者像に対する最も有名な批判は、オーストラリアのコメディアン、ジャーナリスト、障害者人権活動家であったステラ・ヤング（S. Young：1982-2014：骨形成不全症の障害者）が世界的に著名な講演会TED（2014年）で行ったスピーチである。彼女は、そのスピーチにおいて、「感動ポルノ（Inspiration porn）」という表現を使って、健常者が固定的に求める障害者像を痛烈に批判した。

　「乗り越えるべき障害は体や病気ではなく、社会が作り上げている障害」である。障害者は、健常者に「感動」や「励まし」を与える道具、すなわち「感動ポルノ」ではない。そのような見方で、障害者を特別視しないでほしい。彼女は、この言葉を使って障害があっても普通の生活ができる社会を作りあげることの重要性を指摘した。バリバラでは、彼女のスピーチを取り上げ、障害者たちとのナチュラルな接し方や、彼らを美化の対象や感動の対象として特別視することの問題点を指摘した。

（2）バリバラから見えるノーマライゼーションの視点

　従来の障害者番組では、健常者の視点から障害者をどのように扶助したらいいか、あるいは障害者にはいかなる助けが必要なのか等の趣旨に基づいて編集がなされることが多かった。そのため、番組内容も障害者への支援方法を真摯に考えていくことが重視されており、決して障害者をバラエティーの対象にすることはなかった。そこには、一般に障害者は「かわいそうな」存在で、「笑いの対象」には決してならないし、してはいけないという暗黙の了解があったと言ってよい。そのため「笑い」は、障害者を語る際には「触れてはいけないタブー」として扱われていた。

　そのような見方が主流だったので、バリバラの特集コーナー「SHOW-1グランプリ」は画期的なものであった。それまでお笑い番組では、あくまでも健常者が笑いの「パフォーマー」であり、障害者は笑いの「オーディエンス」であった。ところがこのコーナーでは、脳性麻痺の障害者が、脳性麻痺

そのものを笑いのネタとしてコントをしたり、性同一性障害のピン芸人がジェンダーバイアスをネタにしたコントを行っている。このように障害を笑いの道具に積極的に使うことは、従来の番組コーナーとしては到底考えられなかったものである。

　その他注目すべき特集としては、Xジェンダーに悩む女性の日常生活に密着したり、自閉症スペクトラムの高校生と一緒に食事をしながら、自閉症の症状を包み隠さず紹介したり、障害者に関わる人間模様を取り上げたドラマ作品を制作したり、障害をマイナスと捉えるのではなくむしろ魅力に変えるべく、障害者をモデルにしたファッションショーなどがある。

　出演者も多彩で、脳性麻痺の自立生活センター職員、多発性硬化症でトランスジェンダーのボランティア団体運営者、先天性四肢欠損症の会社員など、メイン司会以外は、何らかの障害者である。

　ノーマライゼーションの視点に立って障害者であろうと健常者であろうと、エンターテイメントに関しては差別や区別は存在しないという編集方針に基づき、バラエティー的要素を番組の柱においているバリバラは、まさに障害者の目線で社会生活を見ている番組である。

4　結語的考察

　冒頭でも触れたように、社会教育活動と社会福祉活動とのコラボレーションは、これまでにも様々な地域で行われてきた。障害者と市民がともに集い、共生社会の実現に向けた多様な取り組みは現在でも続けられている。それら諸々の取り組みが大きな成果をもたらしてきたことは言うまでもないだろう。

　ただ、2006年の障害者権利条約の成立、2011年の障害者基本法の大幅改正、そして2016年から施行された障害者差別解消法によって、障害者を取り巻く社会状況は大きく変わった。何よりも大きな変化は、ノーマライゼーションの理念の浸透によって、障害者と健常者という区別や差異づけがボーダレス

化し、少なくとも健常者中心の視点からではなく、区別や差異づけの対象で
あった障害者たちが当事者として自ら主張し始めたことであろう。

　障害者は、健常者を感動させたり、元気づけたりする存在ではないし、健
常者によって常に保護され、支援されるべき存在ではない。そのように特別
視される存在ではないがゆえに、人として同じように考え、感じ、悩む存在
である。そのためには、健常者から助けられ、努力しながら健気に生きてい
くべきであるという押しつけの障害者像からの脱却が必要であり、善的な存
在であるべきという見方でタブー視される領域もない。障害そのものとどう
付き合っていくのか、自己のセクシュアリティとどのように向き合っていく
のか、こうした諸々の自己決定権を障害者に与えることは当然であるという
考え方が常識になってきた。

　このような障害者像に基づいて、障害者の生涯にわたる〈学び〉の保障を
どのように考えていけばいいのかの試みは始められたばかりであり、様々な
試行錯誤が続けられている。ただ、その際に参考になるのが、バリバラのよ
うな実践活動であろう。すでに見てきたように、このTV番組は、障害者を
扱うメディアのあり方に大きな一石を投じた番組である。これまで意図的に
避けられてきた障害者をめぐるあらゆる問題を取り上げている。

　そこには、障害者の生涯学習をこれからどのように進めて行けばいいのか
の可能性が示されているように思われる。

引用・参考文献
遠藤まめた『先生と親のためのLGBTガイド：もしあなたがカミングアウトされた
　　ら─』合同出版、2016年。
小川哲哉『主体的・対話的な〈学び〉の理論と実践─「自律」と「自立」を目指す
　　教育─』青簡舎、2018年。
内閣府『平成30年度版　障害者白書』2018年。
内閣府HP「障害を理由とする差別の解消の推進に関する基本方針」https://www8.
　　cao.go.jp/shougai/suishin/sabekai/kihonhoushin/honbun.html（2020年5月30日

閲覧）

ニィリエ著、ハンソン友子訳『再考・ノーマライゼーションの原理―その広がりと
　現代的意義―』現代書院、2008年。

塙幸枝「演じる身体／演じられる身体の虚構性をめぐって―『バリバラ』における
　障害者パフォーマンスを例に―」日本コミュニケーション学会編『日本コミュニ
　ケーション研究　Vol. 46』2018年、151-167頁。

塙幸枝『障害者と笑い―障害をめぐるコミュニケーションを拓く―』新曜社、2018
　年。

藤井克徳『私たち抜きに私たちのこと決めないで―障害者権利条約の軌跡と本質
　―』やどかり出版、2014年。

結城俊哉編『共に生きるための障害福祉学入門（大学生の学びをつくる）』大月書
　店、2018年。

吉田武男（監修）手打明敏・上田孝典編『社会教育・生涯学習』ミネルヴァ書房、
　2019年。

第11章　生涯学習とキャリア
―「社会人の学び直し」とその課題―

1　日本の生涯学習政策と「社会人の学び直し」

（1）わが国の生涯教育（学習）政策論における「社会人の学び直し」制度
の導入

　わが国に生涯教育の考え方が入ってきた経緯について簡単に振り返ってみ
ると、「①1965年　ポール・ラングランのユネスコの会議での『ワーキン
グ・ペーパー』提出、②1967年　ポール・ラングラン提出の『ワーキング・
ペーパー』の日本語訳を波多野完治訳『社会教育の新しい方向』（日本ユネス
コ国内委員会）として出版、③1970年　ポール・ラングラン著"An introduc-
tion to lifelong education"の出版、④1971年　ポール・ラングラン著／波多
野完治訳『生涯教育入門』の出版」となる。

　このような過程を経てポール・ラングランの「生涯教育論」が我が国に入
ってきたのであるが、それに最初に注目したのが当時の社会教育審議会であ
った。社会教育審議会は、1971年に「急激な社会変化に対処する社会教育の
あり方について」という答申を出した。

　社会教育審議会答申「急激な社会変化に対処する社会教育のあり方につい
て」（1971年）の内容の概略を見てみると次のような記述がなされている。

　「①基本的な課題―社会変化への対応　―このような激しい変化の中で、
国民のひとりひとりは、その生涯の各時期に応じて新しい生活課題や学習要
求をもつにいたり、あらゆる年齢階層を通じてたえず自己啓発を続け、人間
として主体的に、かつ豊かに生き、お互いの連帯感を高めることを求めてい
る。

②広義の社会教育—社会教育という観念は、従来、ややもすると狭いわくの中でとらえられる傾向があったが、今後そのあり方を考えるにあたってはひとびとの日常生活の中でのあらゆる学習活動に対する教育的配慮として広くとらえる必要がある。

　③生涯教育（学習）の視点の必要性—こうした状況に対処するため、生涯教育という観点に立って、教育全体の立場から配慮していく必要がある。

　④家庭教育、学校教育、社会教育の統合—生涯にわたる学習の継続を要求するだけでなく、家庭教育、学校教育、社会教育の三者を有機的に統合することを要求している。

　⑤生涯教育と社会教育—生涯教育では、生涯にわたる多様な教育的課題に対処する必要があるので、一定期間に限定された学校教育だけでは不十分となり、変化する要求や個人や地域の多様な要求に応ずることができる柔軟性に富んだ教育が重要となる。したがって、生涯教育においてとくに社会教育が果たすべき役割はきわめて大きい。」ということを示して、わが国の生涯学習政策は出発した。ここでは、「生涯教育（学習）＝家庭教育＋学校教育＋社会教育」（基礎概念）という概念や「生涯」を「生涯＝(1)乳幼児、(2)少年、(3)青年、(4)成人」の各期に区分、さらに、「(4)成人期を(ア)成人一般、(イ)婦人、(ウ)高齢者」に細分化した。この答申では、「生涯にわたる多様な教育的課題に対処する必要があるので、一定期間に限定された学校教育だけではふじゅぶんとなり、変化する要求や個人や地域の多様な要求に応ずることができる柔軟性に富んだ教育が重要」と指摘した他、さらに、「職業をもった成人は、主として書物、新聞、ラジオ、テレビなどとの接触や職場の同僚との交際によつて、知識や情報を獲得するのがふつうであるが、最近では企業内教育や現職教育も盛んになつていることからもうかがえるように、これらの成人一般の教育が非組織的な学習だけに任されていては、じゅうぶんではない。」というように成人の「組織的な学習」の必要性を指摘してはいたが、「生涯教育」理念の理解とその表明の段階で止まっており、その具体策は一切示さ

なかった。

(2) 1981年中央教育審議会答申「生涯教育について」と「社会人入学」制度
　社会教育審議会答申「急激な社会変化に対処する社会教育のあり方について（1971年）」では、具体策が示されなかったが、生涯教育の理念に基づくわが国の教育政策において、キャリア形成に関する具体的な提案を示したのが1981年の中央教育審議会答申「生涯教育について」であった。
　中央教育審議会答申「生涯教育について」の内容について概略的に見てみると、まず、第一に、現在は「学歴社会」であり、それを「生涯教育」によって「学習社会」に転換するという基本方針を示した。第二に、従来の「生涯教育」の概念を次の図11-1に示したように、「生涯学習」と「生涯教育」に分けてとらえなおしたということである。「生涯学習」は、「個人の学習」の側面であり、その「個人の学習」を援助するというのが「生涯教育」という側面と考えたのである。つまり、「生涯学習」という言葉の新たな登場である。

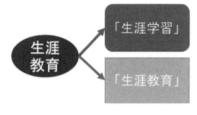

中央教育審議会答申「生涯教育について」の内容①
1.基本的な考え方
　─現在:学歴社会⇒「生涯教育(学習)」⇒「学習社会」
　　　　　　　　☞「学習社会」が「生涯教育(学習)」の目標
2.「生涯学習」という言葉の登場

生涯教育 →「生涯学習」　各個人が自主的に行う学習

→「生涯教育」　その個人の学習の援助・条件整備
　⇒教育行政・教育施設・職員
　（博物館・学芸員が含まれる。）

図11-1　「生涯学習」と「生涯教育」の概念

次に、生涯の各期における教育を「成人するまでの教育」、「成人期の教育」、「高齢期の教育」の三期に分けて生涯各期の教育の課題を示した。

　①「成人するまでの教育」の課題—乳幼児期から青年期の時期については、学校内・家庭内暴力をなくし、望ましい教育的環境の形成に努めることが緊急課題であるが、家庭教育の充実は、両親や家族中心に行われるべきものである。行政は、そのための「両親教育」、相談体制の確立を図る必要がある。

　②「成人期の教育」の課題—成人期については、学校教育の開放、社会教育の振興、勤労者教育の充実などが課題とされており、社会人の大学・大学院への再入学など、開かれた学校教育を目指すこと、地域社会に密着した生涯教育センターの設置など社会教育施設を整備すること、勤労者の大学などへの再入学を保障する教育休暇制度の検討を進める必要がある。

　③「高齢期の教育」の課題—高齢期では、高齢者の経験や能力を社会的に正しく評価し、その積極的な社会参加を支援する必要があることとされている。

　この答申の意義についてまとめると、「①「生涯学習」という言葉を初めて使用した。②「中央教育審議会」という我が国の教育行政を考える最高の機関が「生涯学習（教育）」の考え方を承認した。すなわち、「生涯学習（教育）」の考え方で今後の教育改革を進める。さらに、学校教育も「生涯学習（教育）」の考え方で改革する。」という宣言とそれに伴う具体策の提案であった。

　この答申によって、「生涯学習（教育）」に対する学校教育関係者の理解が広まるということになったが、この中での特に注目すべき提案は、「高等教育への『社会人入学制度』の提案」と「『生涯学習カウンセリング』の提案」の二つである。前者については、次のような記述がなされている。すなわち、
「(2)大学教育の開放

　①大学の正規の過程を成人に開放するための具体的方策としては、学士入学などの編入学を含め、昼間学部への正規の学生としての受け入れの拡大の

ほか、昼夜開講制、大学通信教育、放送大学など開放型の制度の拡充や、成人の学習も考慮した多様な教育課程の編成などが必要である。

　また、成人の大学での修学を容易にするため、他の教育幾関において修得した単位の認定や単位の累積加算、あるいは成人の学力を考慮した入学者選抜方法及び入学後の学習評価の多様化を図ることや、社会的経験を評価に加えることなども検討の余地がある。」と成人の学力を考慮した入学者選抜方法等の改善を具体的に提言した。

　ここに、「社会人の学び直し」の制度的な提案、すなわち、わが国の高等教育機関—大学や大学院等の学校教育への「社会人」の入学を認める、いわゆる「社会人入試」制度の原点の一つを見ることができるのである。

2　「社会人入試」制度とキャリア形成
——立教大学法学部社会人入学制度を中心に

　では、わが国の「社会人入学」がどのように始まったのか。その実態について、次に、「社会人入試」の実際的な原点といえる「立教大学法学部社会人入学制度」の創設時の様子をみてみることにする。

（1）立教大学法学部における「社会人入学」制度の創設

　「社会人入学」とは、一定の条件をクリアした「社会人」を対象に一定の入学定員枠を設定し、小論文や面接等の試験を課して、伝統的な入学生とは別の入学試験を行い、「正規の学生」として大学入学を許可する制度である。

　1978年秋、立教大学法学部において社会人を対象とした入学試験が実施された。これが我が国における大学昼間部での最初の社会人入試である。つまり、立教大学法学部における「社会人入試・入学」は、1981年の中央教育審議会答申以前にすでに現実として始まっていたということになる。

　この入学試験に合格した者は、「正規の学生」として法学部に入学を許され、原則４年間学べることになった。これより先には大学二部（夜間主）で、

有職者・勤労者・企業推薦者を対象とする入学制度を実施した大学もあったが、入学資格が限定的で、広く大学の門戸を開くまでになっていなかった。

　立教大学の場合には、入学資格を「満22歳以上で大学受験資格を持つ者」のみとし、勤労者か否かは問われていなかったのである。それまでも働きながら学ぶ学生（勤労学生）は存在し、ことさら「社会人入学」を「強調」することはなかった。しかし、立教大学は内発的動機と生涯学習社会の発展過程での社会的ニーズの高まりを捉え、この新制度を発足させたのである。

　では、立教大学法学部は社会人入学試験をどのような考えで実施することにしたのだろうか。1968年から1969年にかけて、日本の大学においては学園・大学紛争が起こり、ほとんどの大学は闘争の渦中にあった。立教大学も例外ではなく、その後の経緯の中で大学改革に取り組む流れが生じ、財政改革やカリキュラム改革に着手した。その後第一次石油危機、世界経済の鈍化など経済成長の終焉という社会状況の中で、就職難の時代が訪れ、学生の間に「無気力」な空気が蔓延した。いわゆる「シラケ」たムードが学内に漂っていたのである。この状況に危機感をもった大学は新たな改革の方策を打ち出した。それが「入試改革」であった。その改革の一つが「推薦入試」であり、もう一つが「社会人入試」であった。これが内発的動機である。

　推薦入試は受験技術に偏った高校生や浪人経験者ではなく、通常の高校生活を送ってきた現役高校生の入学を促進することを重視することを意図し、一方、社会人入試は社会経験をもち学習意欲の高い人物を年齢に関係なく入学させることで、一般学生への刺激剤となることを意図したとされている。

　この二つの入学試験は、共に一般的な学力考査とは異なった考え方で試験が組み立てられていた。特に、社会人入試には社会経験と人物重視の傾向が窺える。社会人入学試験の出願資格及び入試科目は次の表11-1のようであった。

表 11-1　立教大学法学部の社会人入学試験の出願資格及び入試科目（1982年）

・出願資格　　満22歳以上（高校卒業以上またはそれと同等の資格者）
・書類審査　　入学動機についての作文（本人）
・推薦書3通（友人・家族など）
・高校などの内申書（卒業証明書）
・学力試験　　小論文　英語（英文和訳）
・口頭試問　　個別面接（面接官は法学部教員と他学部教員の2名)」

(2) 社会人入学制度の役割

　社会人入学制度の役割は「大学における役割」と「制度利用者（社会人学生)」においての役割を分けて論じることが必要である。大学においての役割（意図）は制度を導入した大学それぞれによって異なる場合があるが、学生にとってはおおよそ同じ傾向をもつと思われる。

　立教大学は「立教大学法学部の入試改革について」（1978年7月1日）において、社会人入学制度の役割を検討する際の論点を次のように示している。

　①「今日、成人教育、生涯教育の重要性が説かれているにもかかわらず、大学における正規の教育と研究の過程から、社会人は全く締め出されている。」

　②「大学は20代前半の若者の〈猶予期間〉となっている」

　③「大学入学が長期の受験訓練を経なければ実現できない」

　ここに挙げた三点は、大学が社会人入学制度を入試改革の一環として導入した時点での問題意識あるいは理由である。特に①は中央教育審議会答申（1981年）に先んじる時点で議論され、成人の生涯教育に資する役割を担うことを目的の主眼・上位に置いている。また、②に対しては社会経験があり、向学心の高い社会人学生がモラトリアム学生の刺激、活性化につながるという発想である。そして、③は限定的な試験科目で基礎的能力の有無を確認できれば良いとする点において当時としては画期的な判断であり、反偏差値主義の役割を考えていたのである。これが生涯学習社会の発展過程での社会的

ニーズの高まりである。わが国の「社会人入試」でのパイオニアであった立教大学法学部の社会人入試は1993年に終了した。社会人入試は、同大学の他学部において現在も実施されている。

3 「社会人入学」と「社会人の学び直し」の実態

(1) 社会人入学生の実態

　1981年の中央教育審議会答申がされて以降、全国の私立大学を中心に社会人入学制度の導入が進んだ。1981年は私大17校、国立大学昼間部としては1983年の名古屋大学法学部が最初に開設された。その後大学院（修士）では筑波大、慶應義塾大、埼玉大などの大学院が社会人に門戸を開いてきた。近年に至るまで全国の大多数の大学や大学院では社会人入学制度を導入している。社会人入学は、現在の大学では「当たり前」の制度になってきている。

　次に、既存の様々な研究結果データの一部によって、社会人入学者の実態についてみてみたい。

　社会人入学者数について、平成22年度の文部科学省のデータでみると、我が国の大学学部への社会人入学者数のピークは、平成10年度の5,228人、通信制を含めると平成13年度の18,340人であり、以後、減少傾向にある。社会人入学者数は、通信制の方が、通学制よりも多い。ただし、大学院への社会人入学者数は、増加傾向を示して、平成20年度は18,799人である。そのうち1,200人程度が通信制への入学者である。全入学者に対する社会人入学者の占める割合は、近年、17〜18％となっている（平成20年度には、修士課程が12％、博士課程が34％、専門職学位課程が41％）。

　その後、大学の学士課程への社会人入学者数（推計）は、平成13年度の約1.8万人がピークに、平成20年度の約1.0万人まで減少。その後増減し、平成27年度は約1.1万人となっている。また、博士・修士・専門職学位課程への社会人入学者数（推計）は、平成20年度の約1.9万人をピークに微減し、平成

27年度は約1.8万人となっている。

　社会人入学制度を利用し、大学に入学する人とはどういう人たちなのか。社会人学生はどういう目的をもって入学したのか。学生生活はどうなのか。卒業後どういうキャリアプランをもっているのか。こうした疑問に対して、彼らの実態をみながら答えを導きたい。

　社会人入学のパイオニアだった立教大学法学部の事例からみていくと、立教大学法学部の社会人入学への応募者は毎年100名前後、25名程度（社会人枠として定員の5％を目途としている）が合格していた。女性の合格者が多く、合格者総数の約70％に達していた。男性の受験者は20歳代が非常に多く、不合格者も多い。30歳代以上では女性受験者が男性よりも多くなっていた。このことから30歳代以上の男性にとって大学に進学することのハードルは高いという状況が窺える。1983年を例にあげると、社会人合格者27名のうち男性は7名であった。女性入学者の多くは有職者であり、職業別では看護師が目立った。学歴としては高卒者が少なく専門学校以上の学歴者が多数を占めていた。

　文部科学省の平成27年度委託事業『社会人の大学における学び直しの実態把握に関する調査研究』報告書（イノベーション・デザイン＆テクノロジー、平成28年3月）で「大学等に通う社会人学生」対象とした調査結果を見ると、「現在大学等に修学する社会人学生のうち、全体の69.0％がフルタイムで働いており、12.8％がパートタイム・アルバイトなどで働いている。身分が保証されたまま休職している者を含めると有職者は全体の83.5％となっている。

　有職者のうち、「会社員」、医師や弁護士等を含む「専門職」、学校の教員を含む「教職」あわせて72.1％となっており、男性は「会社員」、女性は「専門職」の割合が一番高い。業種別でみると、女性については、「医療・福祉」「教育・学習支援業」の割合が、男性は、「製造業」の割合か高い。

　修学中の雇用上の扱いや学費負担状況では、65.5％が通常と変わらない雇用上の扱いとなっており、また84.3％が自ら学費を負担している。

また、98.7％の社会人学生が職場に大学等で学んでいることを伝えており、職場には『大学等へ通って卒業資格を得たものを評価する仕組みをつくる』や『授業のある時間帯は、早退を許す、休めるようにするなどフレキシブルな労働時間とする』等の修了後の処遇や修学中の時間的な配慮に関する職場への希望をもっている。特に修了後処遇については、『給与や手当の増額』『昇進・昇級』『希望の部署への配置転換』を希望する回答が約半数を占めている。

　大学等で修学する目的としては、『現在の職務を支える広い知見・視野を得るため』（50.7％）や『学位取得のため』（47.2％）が非常に高くなっている。

　大学等で修得したいものとしては『専門的知識』が73.1％、『論理的思考能力』が45.4％となっている。カリキュラムで重視してほしい内容は、『特定の分野を深く追求した研究・学習が可能な内容』、『知識に基づいた深い洞察力を養う内容』、『最先端にテーマを置いた内容』が上位となっている。

　重視する教育方法としては『専門知識・基礎識の復習』、『レポート・論文作成指導』、『事例研究・ケーススタディ』が上位となる。

　重視する教育環境については『授業料を安く設定すること』、『夜間、土日、休日等社会人に配慮した時間帯での授業を開講していること』の割合が高い。94.2％の学生が『大受等で学び直しをしてよかった』と回答し、社会人入学者の満足度は非常に高い。」と報告されている。

（2）学習の成果

　では、「社会人入学」の学習の成果についてはどのようになっているのであろうか。残念ながら、立教大学に社会人入学した方々のフォローアップデータはない。そこでここでは、これまでの研究の中から「社会人入学」の学習の成果の一部を紹介する。兵藤郷は、社会人入学者が経営学系大学院で学習することによりどのような成果があったのかを調べている。具体的には、「大学院修士課程で学習することによって得られたもの・達成したものを選

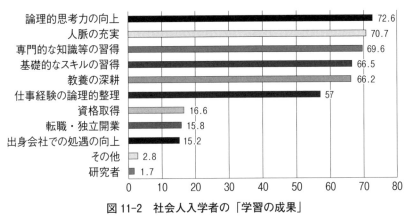

%

図 11-2　社会人入学者の「学習の成果」

（兵藤郷「国内の経営学系大学院における社会人の学び直し－社会人入学した卒業生デー
タより－」リクルートワークス研究所、2011年、p.127より引用・作成）

んでください。」という問いを示し、11の選択肢から複数回答してもらって
いる。その回答結果が上の図 11-2である（回答者の総数は、792名である）。

　国内の経営学系大学院における社会人の学び直しの目的の上位３つは「専
門的な知識等の習得（75.3%）」「論理的思考力の向上（66.8%）」「基礎的なス
キルの習得（65.8%）」であった。社会人の多くは、処遇の向上や転職・独立
を期待して経営学系大学院に入学しているのではなく、仕事に必要な知識、
論理的思考力、スキルを身につけることを期待して経営学系大学院に入学し
ている。

　経営学系大学院での学習によって、「論理的思考力の向上」、「人脈の充実」、
「専門的な知識等の習得」などといった成果を得られた社会人入学者は半数
以上いることが分かる。一方、卒業後のキャリアとして、経営学系大学院で
の学習によって、入学時に「在籍していた会社での処遇向上」、「転職や独立
開業」、「資格取得」を達成した社会人入学者もいることがデータであきらか
となっているが、大きな成果として認識していない。つまり、経営学系大学

院を卒業したからといって、社会人入学者全員が必ずしもその後の職業・職務上のキャリアに変化が起きているわけではないと言えよう。それについては、経営学系大学院での学習が卒業後の何らかのキャリアに役立ったとした社会人入学者は4割にとどまっているというデータが裏付けている。「4割」をどうとらえるか、残り6割の人たちはどのような変容があったのか或いは変容はなかったということをさらに検討する必要があるように思える。

(3) 企業側の「社会人の学び」に対する理解

一方、『リカレント教育　参考資料（平成30年3月、内閣官房人生100年時代構想推進室）』によって企業側の「社会人入学」に対する考え方を見てみると、「従業員が大学等で学ぶことの企業の対応について、自社の従業員が大学等で学ぶことを認めているかという点では、『原則認めている』（10.8%）と『原則認めていない』（11.1%）が拮抗しており、次いで『上司の許可があれば認めている』（7.9%）という順になるが、『特に定めていない』（67.8%）が約7割を占めている。『認めていない』場合、その主な理由としては、『本業に支障をきたすため』（56.6%）、『教育内容が実践的ではなく現在の業務に生かせないため』（24.3%）が指摘されている。

また、企業の外部教育機関としての大学の位置付けでは、企業の8割（82.8%）が外部教育機関として「民間の教育訓練機関」を活用する一方で、「大学を活用する」のはわずか（14.2%）としている。大学を活用しない理由の上位は『大学を活用する発想がそもそもなかった』（37.2%）、『大学でどのようなプログラムを提供しているかわからない』（30.7%）、『教育内容が実践的でなく現在の業務に生かせない』（27.6%）、『大学とのつながりがない』（17.3%）等が指摘されている。」と報告されている。

この報告を見ると、企業側は、「社会人入学」について全体的に理解を示しているとは言えない。また、「大学教育の意味」をとらえているとも言えない。そこにあるのは、ただ、「実用主義」・「実学主義」のみである。

　自社の従業員が大学で学ぶことを条件次第で「認める」可能性があるとも
いえるが、今後、企業が大学を「社員教育の場」として活用する方向に向け
させるには、大学側は、企業側が自社の従業員（社会人・企業人）が学ぶに足
る「教育内容」と種々の環境をより今以上に整備拡充する努力をすべきであ
り、それによって企業の理解を高める必要がある。今後の課題の一つである。

4　「社会人の学び直し」──「社会人入学」の役割と課題

　これまで、「社会人入学」を中心して「社会人の学び直し」について、歴
史的な経緯や学生側と企業側の実態の一部についてみてきた。最後に、「社
会人の学び直し」−「社会人入学」の役割と今後の課題についてまとめてみた
い。

　社会人入学者の多くは入学に際し職業から離れる場合が多い。昼間部の大
学に通うことになれば、それまでと同じような勤務に就くことは物理的に困
難になり、また学業に費やす時間を確保することは望めない。

　女性入学者の既婚率は高く、離職によって経済基盤が失われることは少な
い。その一方で、男性入学者は離職し蓄えを費やしながらのアルバイト生活
をおくることが一般的である。よほどの余裕がある人を除いて、社会人学生
は経済的には厳しい状況に置かれる。ある看護師は病院の「常勤」から「パ
ートタイム勤務」になり、ある公務員は自ら希望して定時制高校の事務職員
に移動して入学している。空席待ちのため入学を一年遅らせたりもしている。
専門技能のある者は、仕事量を減らしたりして学業を継続させた。多くの社
会人学生は就業形態を変え、変則的で不安定な労働環境に身を置くことを選
択しながら大学生活を送った。

　そうまでしてなぜ大学に入学したのか、或いは、入学するのか。そこには
ある種の「期待」が存在していると考えられる。では、大学教育に「何」を
期待したのか。社会人学生のほとんどが「幅広い教養や知識の獲得」を挙げ

ている。その多くの学生が制度上で許される限りの多種多様な授業科目を履修し、「良い成績」を得ようと心がけている。専攻・専門科目や教養科目を問わず、興味のある科目は貪欲に単位を取る姿勢が顕著である。例えば、法学部の場合には、中には法律系の資格取得を目指し、実際に司法試験の合格者も存在するが、その一方で、「専攻・専門の学業」だけではなく、「大学生らしい生活」を望むケースもある。種々の事情で高卒期に進学が叶わなかったために、余裕のできた今、改めて「大学・大学生」の生活を送りたいということなのである。年若い学生と混じり、サークル活動などにも勤しむ。

　「より良い成績」への意欲は総じて強く、講義は最前列で熱心に聴き、試験準備も怠ることはない。社会人学生として恥ずかしい成績は取りたくないのである。社会人入学者であることに自負があり、この制度の受益者として成果を示したいという思いが感じられる。ある社会人学生は、「学ぶ権利を主張するだけでなく、受け入れてくれる大学側や若い学生たちの良い手本になりたい。」という発言を実際にしているのである。

　ここまでは社会人学生の「ポジティブ」な様子をあらわしているといえる。しかし、その一方で、「期待はずれであった」という社会人学生もいる。その内容は、「人間関係の問題」と「大学の対応・授業の問題」とに集約される。

　「人間関係の問題」としては、社会人学生同士、一般学生との関係、若手教員との関係に困難を感じたという社会人学生が多くみられる。また、「授業の問題」に関しては、社会人学生の社会経験（キャリア）をその他の学生と共有できるような指導ができないという指摘である。折角集まっている職業経験者をうまく活用できればより発展的な授業になるのではないかという考え方である。学問的議論の場を授業に求めているにも関わらず、それに応えられる授業の少ないこと、さらには、職業生活上で役立つ実践的な要求に応えていないということで多くの社会人学生は不満をもっていると考えられるのである。「大学が社会人を対象とするプログラムを提供するには、教員

の確保が課題」であると先の文部科学省の報告書にも述べられている。

　もう一つの課題として、現在においての社会人入学制度は少子化対策の役割を担うことも指摘しておきたい。18歳人口が減少していくなかで学生の確保は大学経営にとっては重要課題である。少しでも多くの受験者や入学者を獲得することは、どの大学にとっても死活問題である。その意味でも、大学にとって、学習意欲のある社会人を学生とする入学制度はすでに手放せないものになっている。しかしながら、社会人学生の卒業後の進路においては、新卒としての扱いで就職した事例は稀有であるという事実がある。それは卒業後の就職問題である。年齢の壁が大きいことが原因であると考えられるが、現在では在職しながらの入学も認める企業も出てきているので、この問題は少しずつ改善の方向に向かいつつある。

　一方で、前職に復帰する事例や看護師であった者のなかには大学卒の学歴を得ることによって看護大学の教員を目指した者もいる。また、教員免許を得て高校教員になった者、さらには学部卒業後に大学院に進み、さらに学びと研鑽を重ねている者など「キャリア・チェンジ」を実現している卒業者がみられるが、新たに加わった学歴がキャリアアップに寄与したという印象は全般的に薄い。どちらかといえば、法学部に入学したのだから法律を学び、その後法曹界方面に進むというキャリア意識ではなく、大学教育を受けて「知識ある社会人」として再出発しようという姿勢が見てとれる。その意味で、これまでの「社会人入学」は、「職業的なキャリアアップ」というより、入学した個々人における「人間としてのキャリア形成」に関与したことは疑いのない事実であると言えよう。

　立教大学法学部における14年間の取り組みは、上記の意味で一定の役割を果たしたことは事実である。特に、制度の「パイオニア」としての役割は大きく、社会人入学制度のモデルケースであったと同時に、その制度によって多くの社会人学生を大学に導き入れ、彼らの「人間としてのキャリア・プロセス」に多大な影響を与えたと思われる。

この「社会人入学」という制度に偶然出会い、学ぶ動機や入学条件、他の社会的条件を自らの手によって満たしながら、大学で学ぶ機会を得られた人々にとって、そこでの「学び」は、「偶然の恵み」といっても過言ではない。

　2003年に東北大学大学院に「社会人入学」して2006年に修了した脚本家の内館牧子は、一年次で履修していた授業の「キリスト教史」での『聖書』の学習と研究の中から、「汚れた舌」というキーワードを考えつき、『汚れた舌』（「けがれたした」と読む、2005年4月14日から6月23日まで毎週木曜日22:00-22:54に、TBS系で放送された。）というドラマの原作・脚本を修士論文と並行して書き上げたと語っている。「社会人入学」での「偶然」から著名なテレビドラマが誕生しているのである。また、「社会人入学」で得た最大のものは「自分の目線の広がり」であるとも述べている。それは、社会を生き抜くための「ノウハウ」ではない考え方や新しい人間関係、若い人たちへの目線の変化等であるという。彼女は、「人生、出たとこ勝負」を標榜し、高齢者は、「養老院より大学院よ！」と主張している。

　大学は、社会人入学制度の導入以降、放送大学をはじめ正規の高等教育の場を広げ、AO入試、一芸入試など大学の門戸開放を進めてきている。大学院の受け入れ事情も変化し、学士を持たず修士号の取得も可能になった。近年の傾向として、大学院に社会人入学をし、修士号の取得を契機に「キャリアアップ」あるいは「キャリア・チェンジ」を実現しようとする社会人が増えている。

　しかしながら、大学・大学院は社会人の学習ニーズに完全に応えるに至っていないと思われる。逆に、その一方で、企業側にもその制度の在りかたや教育内容に対して理解を示していないという課題も未だに存在しているのである。立教大学の取り組み以降、大学教育が社会人に対する生涯学習の場を提供する使命を負い、さらに進化させその制度の利用の向上を図り、その意義の確立するためには、今後、さらに種々の課題解決に取り組むことが必要

と思われる。

　最後に、「キャリア理論」との関係を示して、この章のまとめに替えたい。従来のキャリア発達理論は、「キャリア意思決定の必要性」や「個人の特性と職業の特性の一致」を重視してきた。それに対して、D. J. クルンボルツは「生涯にわたって起こる想定外の偶然の出来事の活用がキャリア発達の機会に結びつく」という概念「プランド・ハプンスタンス・セオリー planned happenstance theory（計画された偶然理論）」を提唱している。

つまり、様々な選択肢を広げ、自らの主体性や努力、そして「学習」によって偶発的な出来事を自分自身のキャリア発達に最大限に活用して行く生き方を推奨しているのである。この「生き方」の選択肢の一つ、その「入口」として、わが国の「社会人入学」が位置づくと思われるのである。

　その D. J. クルンボルツは、著書『その幸福は偶然でないんです！』の中で自問自答をしている。「伝統的な雇用保障に頼ることができないのなら、身を守るために頼れるものがほかにあるでしょうか。」と自問をする。それに対する自答は、「うれしいことに、頼れるものは存在します。」、「それは、『生涯学習』です。」と述べている。

引用・参考文献

　日本教育社会学会編『新教育社会学辞典』東洋館出版社、1986年。

　日本生涯教育学会編『生涯学習事典』東京書籍、1991年。

　「大学における社会人の受入れの促進について」（平成22年3月12日、中央教育審議会大学分科会大学規模・大学経営部会）、2010年。

　D. J. クランボルツ・A. S. レヴィン著、花田光世・大木紀子・宮地夕紀子訳『その幸運は偶然ではないんです！』ダイヤモンド社、2005年。

渡辺三枝子編『キャリアの心理学』ナカニシヤ出版、2003年。

兵藤郷「国内の経営学系大学院における社会人の学び直し―社会人入学した卒業生
　　データより―」リクルートワークス研究所、2011年。

(平成27年度「先端的大学改革推進委託事業」)『社会人の大学における学び直しの
　　実態把握に関する調査研究』報告書（イノベーション・デザイン＆テクノロジー
　　株式会社、平成28年 3 月)、2016年。

『リカレント教育参考資料（平成30年 3 月、内閣官房人生100年時代構想推進室)』、
　　2018年。

内館牧子著『養老院より大学院』講談社、2006年。

第12章　生涯学習と高齢者

　現在、いわゆる「団塊の世代」といわれる年齢層の大量定年退職が始まっている。そのような状況下で、高齢者の能力・技術の活用が考えられ、従来の定年退職者の再雇用制度の利用や定年の延長も考えられ、実行されつつある。つまり、当然、年金や医療等の社会保障制度の問題も含めて高齢者の社会生活全体のあり方が問われているということである。そこに「生涯学習と高齢者」の一つの問題と課題がある。過去に見られない高齢者の増加に対する社会対応や「成人は何歳から」という議論と同様に、「高齢者は何歳から」という基本的な問題も議論の余地がある。以前に行われた国連による世界の人口予測では、2300年という今からすると遠い未来の時点ではあるが、日本人の寿命を108歳と算出している（ロイター、2003年）。

　このような、わが国の高齢者の現実的な課題に対して生涯学習の立場からはどのように考えたらよいのだろうか。さらに、これらの問題に対して、「生涯学習と生涯発達」論ではどのような答えを見出せるのだろうか。

　すでに、第2章において、エットーレ・ジェルピの「高齢者の生涯学習」に関する考え方を紹介した。要点のみを再度掲げると、「構造的で自発的な集団生活、家族集団、友人、余暇、環猿などは、もっとも重要な学習機会を提供してくれる。第三の年代のための政策は、老人がおかれている全体的な枠組みを考慮しなければならない。老人達を、自分達が住んでいる近隣地域や家族や友人達から切り離し、彼らに設備の立派な図書館と閉じられた回路のテレビを備えた休養施設を提供することは、あまり賢明なアプローチではない。」と、高齢者の「社会的な隔離」とその政策の実施にも警告を発していた。できる範囲で、高齢者には様々な社会的な活動をしてもらうことが

「高齢者の生涯学習」に通ずるという考え方であった。

　この章では、エットーレ・ジェルピの論以外の別の「高齢者の生涯学習論」について検討してみたい。

1　E. H. エリクソンの高齢者論──『老年期』での主張

　まず、E. H. エリクソン（Erikson、1902年-1994年）の高齢者に関する主張から見てゆくことにする。E. H. エリクソンは、その著書『老年期』（邦訳、1990年）の中で次のように述べている。

　「現代の科学技術経済には、今のところ、これらの老年者たちの居場所はない。年をとったらもう新しい技能や新しい解決法をおぼえることはできないのだ、という風説が広まっているが、これをくつがえす証拠はこれまでいくつもあがっている。確かに、反復の多い退屈な仕事を生涯に渡ってやってくれば、人間の才能は鈍くなり、覚えたい、見たい、知りたい、聞きたい─という動機は減少することもあろう。しかし精神を鍛錬することで再び元気づき、刺激され、いざ困った時に、熱意とエネルギーで有能に対応できるに違いない。」、また、「老年者がその能力にふさわしい方法で、まだ社会秩序に貢献できるものを含む方向を模索することが適切で望ましい。」と述べて、高齢者もまだ学習能力や社会貢献する可能性があるという考え方を示している。このことは、表現は少し違うが、E. ジェルピの考え方に近い。

　そして、さらに「引退」というタイトルで次のように述べる。すなわち、「また、新しい事業や商取引きの仕事に着手する老年者を援助してくれる多くの組織がある。ボランティアの仕事は社会体制のあらゆるところで、のどから手が出るほど必要とされており、また、ほとんど何でも学べる機会がふんだんにある。老年期は、個人にとって以前は職業に拘束されてできなかったあらゆることができるゴールデンタイムである。しかしこうするには、これまで、ある程度の健康を何とか維持し、以前の興味と能力があい変わらず

残っていて生き生きしている、というのが前提条件である。」

　また、その健康維持と関連させて、「老年者自身については、自立と自律の感覚を守るためにどのような行動を引き受けることができるだろうか。そうするために、個人としてはできるだけ健康でよく機能する自分自身を頼りにするのは確かある。しかしその責任を全く個人にだけ負わせるべきではない。社会は市民に対して、この安寧を発展させるべく励ましと機会を与える義務があり、老年期においてスタミナを維持するために、できるだけ多くの手段を準備すべきである。」、さらに、「たとえば、身体的な幸福に関して言えば、教育制度が、子どもや若者たちひとりひとりに、体を維持し、長年に渡って生き延びるためには何が必要かと教える責務をもと大切にするのもよいだろう。生徒たちには、読み書きそろばんを訓練するのと同じ位熱心に、健康維持のための実践を教えるべきである。解剖学と生理学はあらゆる年代のグループにとって大変興味の持てる科目になるだろう―社会のあらゆるメンバーが目ざす幸福を確保するには、生涯に渡る学習が必要である。」と、職業生活からの引退した後の高齢者の生活にとって、ボランティア活動が重要な意味を持ち様々な学習の機会となるというボランティア（活動）の意義を説いている。そして、その傍ら、それらの様々な活動を行うための基礎として、その人が「健康である」ということが大切になるという基礎条件を示している。

　そこから議論をさらに進めて、「身体的な幸福に関して言えば、教育制度が、子どもや若者たちひとりひとりに、体を維持し、長年に渡って生き延びるためには何が必要かと教える責務をもと大切にするのもよいだろう。生徒たちには、読み書きそろばんを訓練するのと同じ位熱心に、健康維持のための実践を教えるべきである。」という指摘は大変重要なことになる。つまり、高齢期にある人々だけでなく、将来当然予想される高齢期の生活の準備として、年若い子どもの時期からの学習内容、つまり、生涯学習の内容の一つとして、「健康教育」・「食育」等が生涯学習の課題となることを指摘している

のである。このことは、子どもたちの将来の高齢期の生活を考えた場合、学校教育関係者が「生涯学習」に果たす役割として、大変重要な指摘ではないかと思われる。

さらに、高齢者の若者たちの生涯学習、学校教育等に果たす役割について、「老年者の側が教師として学習の場に引っ張り出され、現代のテクノロジーの時代でうしなわれつつある過去の技術を若者たちに教えれば、彼らは価値ある貢献をする。このような過程は学校のカリキュラムを混乱させるのでは、という懸念も当然であるが、それにもかかわらず、それに必要な時間とスケジュールの調整をしてなお充分余りあるほどの豊かさをもたらす。(中略)、老年者が過去の技術を効果的に伝達するには、訓練という支えが必要だし、受け持ちの教師は老年者たちと協力する技術を練習する必要がある。しかし、このことに関わるすべての人において開発されるべきものは、老年者の貢献を尊敬に値する大切な贈り物として認めようとする、心の姿勢である。」と述べて、学校教育等において果たすべき高齢者の役割をあきらかにするとともに学校側の受け入れの条件、特に学校教師の「心構え」と老年者たちと協力する技術という「学習課題」と「学習支援」の方法を示している。つまり、学校教育と学校教師が高齢者の生涯学習支援を展開する方向性を示している。

2 高齢期におけるコンヴォイ構造の変化 —高齢者の人間関係—

高齢者の教育的ニーズの問題を考える場合、一方で、個々の高齢者とりまく社会的文脈をもあわせて考えていく必要がある。それらのうち、ここでとくに注目したいのは、もう一つ、「高齢者の人間関係」の問題である。

この問題について、われわれは、年をとるにつれて、子離れ、親しい人の死、退職、体力の低下など、ひろく「喪失」とよばれる事実により多く遭遇するようになる。しかし、これら失ったものの多くは人の心の拠り所である場合が多く、その喪失は、しばしば人を孤立状態に追い込むことがある。こ

うした状況を和らげるため、高齢になった者は、しばしば、それまで手段と
してきた人間関係そのものの形成・維持を再度図らなければならなくなる
（堀薫夫、2002年）、とすでに述べられているが、この高齢者の人間関係の再
構築について考えてみる。

（1）高齢期における「コンヴォイ構造」の変化―基本モデル―

この問題を考える上で、カーン＆アントヌッチ（Kahn, R. L. & Antonucci, T.
C.）の「コンヴォイ（convoy）・モデル」は、示唆に富んでいる。「コンヴォ
イ」とは、サポートを提供してくれる人間関係の構造を意味している（堀薫

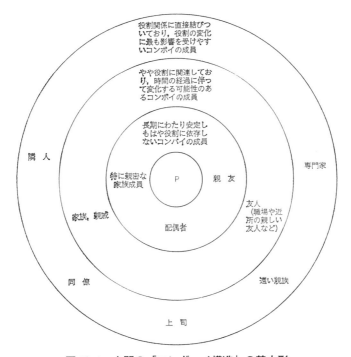

図 12-1　人間の「コンヴォイ構造」の基本形

（カーン＆アントヌッチ著「生涯にわたる『コンボイ』」東洋他編集『生涯発達の心理学2
巻』、新曜社、1993年、p.58）

夫、2002年)。つまり、「生涯にわたって個人の幸福感をどのような要因が決定するかについて問題にする。とくに、社会的な支えが、直接的に寄与するという意味においても、またストレスを緩和し得るという意味においても、幸福感の要な決定因であるという考え方である。コンボイ（訳注：convoyとは護衛隊を意味する）、すなわち個人のネットワークという概念を、その成人間で社会的支えが与えられたり、受け取られたりする構造として提案する。次の図は、この「コンヴォイ構造」の基本形を示したものである。

　同心円の中心に、①本人、その外側に、②役割に関係なく長期にわたって培われた人間関係（配偶者、親友、親しい家族員など）、さらにその外側に、③あるていどの役割関係にもとづいた人間関係（近隣者、親戚、友人など）、最も外側に、④完全に役割関係のみにもとづく人間関係（職場の社員、同窓会員など）の４つの層で構成され、人間はこのような関係で生存している（カーン＆アントヌッチ、1993年）。

(2) 高齢期における「コンヴォイ構造」の変化

　この「コンヴォイ構造」の中で、多くの場合、高齢期を迎えるにつれて人間関係が変化し、それまで維持してきた人間関係の数が減少するようになる。その典型が配偶者との死別や離婚である。そうなると、次の図12-2に示したように、本人から遠い位置で関係していた人物がより中心の近く—「本人」により近い位置に移行するようになる。例えば、配偶者に先立たれた高齢者が「それまでの友人であった人」をあらたな「配偶者」として自分により近い関係に位置につけ、自らのサポート源にするように図ることや、または、「医療の専門家」、例えば、ホーム・ヘルパーを家族と同様に扱うなどということである。つまり、「高齢者の婚活」や「再婚」、「他人の家族化」などが新たな課題として登場してくるのである。

　しかし、こうしたより「本人」という中心に近い人間関係は、決して主として役割関係にもとづくものではない。そのために、人生の中年期以降に社

カーン＆アントヌッチの「コンヴォイ構造」②

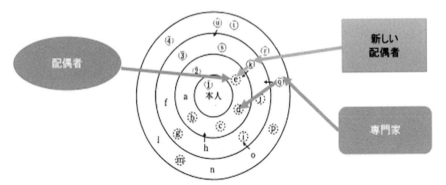

図 12-2　高齢期におけるコンヴォイ構造変化のモデル

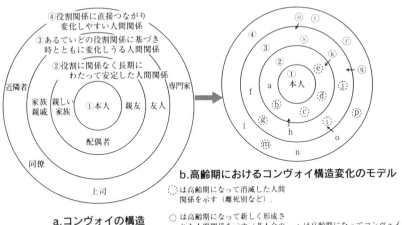

（カーン＆アントヌッチ著「生涯にわたる『コンボイ』」東　洋他編集
『生涯発達の心理学２巻』、新曜社、1993年、p.58並びに麻生誠・堀薫夫編著『生涯学習と
自己実現』放送大学教育振興会、2002年、p.73）

会的地位や役割関係を中心に人間関係を編んできた者にとっては、この新しい人間関係やサポート・システムを再構築することに困難を生じるようになる。すなわち、「より良い人間関係の構築の能力・資質育成」が高齢者の生涯学習（教育）の課題となるのである。しかし、この課題は、単に、高齢期の課題としてだけではなく、人生の長いスパンの中、生涯をかけて培う必要がある（堀薫夫、2002年）。つまり、人間が生きていく上で、次の「問い」が重要となる。

「あなたは、何人のお友達がいますか？　すぐにお友達を作れますか？」、「お友達とは良い人間関係ですか？」、これが高齢期又は高齢期を見据えた生涯学習の課題であり、支援の展開の方向性の一つである。

3　高齢者に特有のニーズの問題

高齢者を学習や教育の主体としてとらえた場合、これらの高齢者の人々が、他の若い世代の人たちとは異なった「教育的なニーズ」をもっているのか、そして、あるとしたならば、それはどのようなニーズなのかという問題も提起することができる。

この問題を考えていく上で注目される理論が、アメリカの老年学者・教育学者ハワード・マクラスキー（McClusky, H. Y.）の「高齢者特有の教育的ニーズ論」である。彼は、高齢者には高齢者特有の教育的ニーズがあると考えた。それらは、以下に示した５つの高齢者特有の教育的ニーズである。彼は、こうした教育ニーズの成就が高齢期のマージン（自分の能力やエネルギーの余裕）を生み出すと考えたのである。その５つの「高齢者特有の教育的ニーズ」は、次のように説明されている（堀薫夫、2002年）。

「①対処的（coping）ニーズ

これは、高齢者が社会生活をいとなんでいくうえで最も枢要となるニーズで、高齢期におけるパワーの低下に対処することがその焦点となる。５つの

ニーズのなかで最も重要なもので、この欠如は高齢期の自律的生活を脅かすことにつながる。その意味では生存のためのニーズともいえる。

②表現的（expressive）ニーズ

これは、活動それ自体のなかに見出される喜びへのニーズである。学習活動もその過程そのものに内在する楽しさに意義が求められる。ここでは、われわれのしぜんな身体的能力の健康的な表現は、幸福感につながると考えられている。一方、高齢者の内面には、それまでに表現の機会をもちえなかったり抑圧されてきた才能や能力が埋もれている場合が多い。高齢期は、これらを解放するときでもあるのである。例えば、ダンスを楽しむということを指摘できる。副次的には、友人づくりという側面にも通じる。

③貢献的（contributive）ニーズ

これは、他者や地域のために役に立つ活動に参加し、これらに貢献することで、まわりから認められたいというニーズである。このニーズの背景には、高齢者には何かを「与えたい」という欲求があるという仮説がある。

④影響的（influence）ニーズ

これは、自分の生活環境により大きな影響力を与えたいというニーズである。このニーズの背景には、健康状態、社会的地位、収入などのパワーの低下の現象がある。

⑤超越的（transcendence）ニーズ

これは、身体的パワーや余命の減少という制約を乗り越えたいというニーズと説明される。たとえ身体的・体力的機能が低下したり、果たせる社会的役割が減少したとしても、さらに人間的な成長を続けたいというニーズである。このニーズは、とくに高齢期に強く現れるニーズである。その結果、高齢者が宗教や歴史、古典などに興味を示す傾向にあるということになる（ローウィ＆オコーナー、1995年、参照）。」

以上みてきた「高齢者の教育ニーズ」論を参考にして、高齢者向けの学習プログラムを示すと、例えば、「超越的ニーズ」と関係づけて、歴史・芸

177

術・宗教・思想・文学・異世代間交流・ボランティア活動・自分史などに関する学習内容の提供が高齢者に好まれると考えることができる。また、野菜作り・園芸・散策・登山など「土」と関係するものにも関心を示すと考えられる。

4　R. J. ハヴィガーストの「発達課題」論における「老年期の発達課題」

　高齢期における「コンヴォイ構造」の変化の中で、配偶者に先立たれた高齢者が「それまでの友人であった人」をあらたな「配偶者」として自分により近い関係に位置づけ、自らのサポート源にするように図ること、つまり、「高齢者の婚活」や「再婚」が新たな課題となると先に述べた。その課題達成の前に、「配偶者の死にどのように対応して生きていくのか」という高齢者の課題を指摘することができる。さらには、これと関係して「熟年離婚」や「死後離婚」などの問題も生じてきている。この課題を考える上で参考・基礎になる理論として、R. J. ハヴィガースト（Havighurst、1900年-1991年）「発達課題」論を指摘することができる。

　この理論は、ライフサイクル論として、生涯学習と人間の発達を考える上でこれまでわが国にも大きな影響を及ぼしてきた理論といえる。

　ハヴィガーストの著作『発達課題と教育』（邦訳、1997年）は、“LIVING IS LEARNING, and growing is learning.”（生きることは学ぶことであり、成長することは学ぶことである。）という文章から始まり、「人間の発達を理解するためには、学習を理解しなければならない。人は生涯、自分の生きる道を学習するのである。」と人間の「生涯」と「学習」との不可分の関係を基本として示した。

　そして、「発達課題は、人生の一定の時期あるいはその前後に生じる課題であり、それをうまく達成することが幸福とそれ以後の達成を可能にし、他方、失敗は社会からの非難と不幸をまねき、それ以後の課題の達成を困難に

する。」と定義し、人の生涯で学ぶべき課題を示すとともに、発達課題の習得が人間としての「幸福」を招くという発達課題の意味・意義について説明している。

　また、この発達課題は、身体の成熟・個人に対する社会文化の圧力・個人の私的な価値観や志望、欲求という要因の組み合わせから生じるものと説明されている。そのため、各課題それぞれについて生物学的な基礎・心理学的な基礎・文化的な基礎の三点から解説が加えられている。

　人の一生涯を胎児期・幼児期および早期児童期（幼児期）・中期児童期（児童期）・青年期・早期成人期（壮年初期）・中年期・老年期の7つの年齢層に区分し、その年齢層には独自の「発達課題」、つまり、人間として成長するのに必要な「学習課題」があるとした。この「発達課題」は、「学校目標の設定」と「教育の適時性」を考える上で役に立つとも説明されている。

　このR. J. ハヴィガースト「発達課題」については、1940年代のアメリカ白人社会文化から帰納的に考えられた理論ということで、当時の社会・時代背景からの制約があり、現代社会における年齢区分、特に「高齢期の設定」や性別役割文化の考え方—男の役割や女の役割の学習—などに批判もある。

　しかし、このR. J. ハヴィガーストの「発達課題」は、わが国では学習課題の設定と事業の設定の基本として位置づけられ、生涯学習・社会教育の学習内容を検討・設計する上でこれまで多く利用されてきた。主に、生涯学習・社会教育の「教育の適時性」という観点から学習内容を考えるための重要な参考資料であった。

　先にも述べたが、このR. J. ハヴィガーストの発達課題について、今日では、「ハヴィガーストの発達課題が将来も、また日本においても、すべてそのままの内容で適用できるとは限らない。やはり日本版の発達課題の研究が必要である。」という日本版「発達課題」を要求する意見や「生涯発達論に即していえば、いつまでもエリクソンやハヴィガーストではいけないと思う。」という見解、さらに発達資産の視点から、例えば、幼児期の母親の存

在だけでなく、父親やその他の家族から得られる安心感の重要性を付け加えたいという意見もある。しかしながら、これらの批判や要望に正に答えるかのように、「発達課題のリストとその記述内容は文化によって異なるであろうし、また、それを記述する人の文化的な価値観に依存するであろう。」とハヴィガースト自身も「発達課題」の概念の提言の限界性と恣意性を提案当初から認めているのである。

　ところで、ハヴィガーストの提唱した「高齢者の発達課題」について具体的に見ると、次のように示されている。それは、人間にとってやがて必ず訪れるだろう死と向かい合うことに対する学習の基本である。

高齢者の発達課題

　　①体力と健康の衰退への適応
　　②退職と収入の減少への適応
　　③配偶者の死に対する適応
　　④同年代の人と率直な親しい関係を確立する
　　⑤柔軟なやり方で社会的な役割を身につけ、それに適応すること
　　⑥満足のいく住宅の確保

　この中の「③配偶者の死に対する適応」について次のような説明がなされている。

　「③配偶者の死に対する適応

　男女が四十年間つれそったのちには、どちらも、ひとりでやっていくことは難しい。それでも、既婚の男女は、ほとんどすべてが死によって別れることになる。男性が妻を失うよりも女性が夫を失う場合のほうが多い。女性が男性よりも長生きをするからである。平均的なコミュニティーでは、妻を失った男性よりも夫を失った妻のほうが二倍多くいる。六十歳代後半までに、夫と暮らしている女性と寡婦として暮らしている女性が同数になり、八十五歳以上の女性では、八十五パーセントが寡婦である。

　女性は夫を失うと、家を出てもっと小さな住まいに転居したり、仕事を学

ばなければならず、またとりわけ、ひとりでいることを学ばなければならない。男性も同様に孤独に適応しなければならず、また、料理を学んだり、家の中や衣類の整理を学ぶ必要があるかもしれない。

　この課題の解決は、それまでの家屋にひとりで暮すことから、小さな家への転居、下宿屋住まい、兄弟もしくは姉妹の家への移住、子どもたちとの同居、再婚、老人ホームへの入居にまでわたる。どんな解決であれそれには、以前からの流儀をやめること、また、昔にくらべて学習がいっそう難しくなったときに新たなやりかたを学ぶことが必要になる。」と述べている。

　上記の高齢期（老年期）の発達課題の六つの項目の中の「③配偶者の死に対応する適応─（中略）どんな解決であれそれには、以前からの流儀をやめること、また、昔にくらべて学習がいっそう難しくなったときに新たなやりかたを学ぶことが必要になる。」は、高齢者の特有の学習ニーズの一つであり、現代日本の高齢者の学習課題として見事に当てはまるもののように思われ、ハヴィガーストの提唱した一部とは言え、その「汎用性」は未だに高いと考えられるのである。

　このことは、1982年頃から「死への準備教育」を提唱し、「死を見つめることは、生を最後までどう大切に生き抜くか、自分の生き方を問い直すことだ。」という、アルフォンス・デーケン（Alfons Deeken、1932年-2020年）の「死生学」の主張にも繋がる。

5　高齢者の生涯学習実践の現代的展開──「没イチ」とその関連

　我が国の現代の高齢者問題を正面から取り上げた番組が以前放送された。「おひとりさま上等！“没イチ”という生き方」─ＮＨＫ『クローズアップ現代＋』」2017年6月13日（火）放送」という番組であった。この放送内容を手掛かりにして、高齢者の生涯学習の実態の最新状況を考えてみたい。

　ここでは、放送された番組内容を検討するために、番組を収録した記録

DVD と「クローズアップ現代＋ 2017/06/13（火）22:00 の放送内容」
（datazoo.jp/tv/ クローズアップ現代＋/1070215）を参考にし、一部ではそのまま
原文を引用している。

(1)「没イチ会」
　配偶者に先立たれ、1人暮らしとなる高齢者が増えている。悲嘆にくれる
日々…と思いきや、自らを「バツイチ」ならぬ「没イチ（ボツイチ）」と呼び、
新たな人生を前向きに生きようとする人々がいる。死別の悲しみから一歩踏
み出すという生き方である。
　「没イチ会」は、立教セカンドステージ大学での「学び」から生まれた。
立教セカンドステージ大学（RSSC）は、2008年4月に立教大学が50歳以上
のシニアのために創設した学びの「場」で、人文学的教養の修得を基礎とし、
「学び直し」「再チャレンジ」「異世代共学」を目的として開設されたもので
ある。この立教セカンドステージ大学で"死生学"を教える講師の小谷みど
りさんの働きかけで、2015年6月、同大学で小谷さんの講座を受講する生徒
や OB、OG の中で、配偶者を亡くした7人で発足したのが「没イチ会」で
ある。現在、小谷さん自身のほか、50〜70代のメンバーがいる。
　「没イチ会」では、「死んだ配偶者の分も、2倍人生を楽しむ使命を帯びた
人の会」というテーマを掲げ、「没イチ」は「人生を楽しんでいい」のでは
なく、「人生を楽しめなかった配偶者の分も人生を謳歌しなきゃならない」
という発想で行われているという。何かテーマを設けてみんなで話しをする
といった堅い会ではなく、「没イチ会」は単なる飲み会にすぎない。前向き
な「没イチ」たちでお酒や食事を共にしましょうという趣旨なので、自分の
身の上話をしたい人はすればいいし、話したくない人は聞き役に徹すればい
いという考え方で運営されている。
　「没イチ会」で話題に上るテーマは、さまざまで、「再婚したいか」「特定
の相手が欲しいか」「配偶者の遺品はいつ処分したか」「今でも、配偶者の親

族と付き合っているか」など、同じ境遇の人たち同士だからできる話題も多い。「死んだ配偶者は夢に出るか」といった話題でも盛り上がるし、「仏壇に毎日、ご飯を供えるのが大変だけど、みんなはどうしているのか」といった情報交換もしている。いずれも、「『没イチ』になって一番悲しい時期には、考えもしなかった話題ばかりだろうと思います。また、お酒を飲みながら、そんな話をみんなでしているのだから、会話を漏れ聞いた他のテーブルのお客さんたちは、さぞかしびっくりしているに違いありません」と小谷さんは語る。

　この「没イチ会」を立ち上げるきっかけを作った庄司信明さんは、「大学の仲間に教えてもらったんですが、老後をよりよく生きるには、『キョウイクとキョウヨウ』を身につけることが大事というんです。これは『今日行く（所）』『今日（する）用事』を日課として身につけようということらしいんですね。「教育と教養」の音をもじっているわけです。

　でも、僕自身は、実際に本当の『教育（学び）と教養（知識）』を自分に言い聞かせています。何かしら学ぼうとする、知識を積み重ねようとすることで、まわりに意識が向くと思うんです。事実、学ぼうと思って立教セカンドステージ大学に行って、仲間との縁が広がったわけですから。そして、人との出会いが大事ですね。いい人との出会いの機会から、さらに世界は広がっていくんじゃないでしようか。」（小谷みどり、2018年）と、「学ぶこと」と「新しい人間関係形成」の意味・意義について述べている。

　小谷みどりさん自身も6年前に夫と死別した。それゆえ、当事者の一人として、同じ境遇の人に呼びかけ、定期的に「没イチ会」という交流会を開いた。小谷みどりさんは「死別した人に対する、かわいそうという世間の目を変えたい。バツイチってみんなが言えるように、私は"没イチ"ですって言える世の中にしたい」と話している。配偶者の死による精神的な痛みは大きい。その悲しみを乗り越え、新たな人生を踏み出すにはどうすればよいのかという問いに対する実践的な答えの一つである。

（2）「没イチ」に大人気の「おひとりさまツアー」

　前向きに一人で生きる「没イチ」の人たちの間で人気を集めているのが「１人旅専用ツアー」である。通常のツアーは夫婦や友人等の複数参加を前提にするが、このツアーは「１人での参加」が原則で、他の参加者に気を遣わずにすむように、バスの中では１人で隣の席、つまり、横並び２席を占有することができ、さらに宿泊先でも一人一部屋が利用できるように設定されている。それでも、ツアーが進むにつれ、同じ境遇の人同士で気心が打ち解け、明るい雰囲気になるといわれている。

　この「おひとりさまツアー」の前提のものとして、「集合場所確認ツアー」も人気を博しているといわれている。「おひとりさまツアー」に参加する場合の「集合場所」「出発場所」を実際に自分の目で場所への行き方などを確かめ、一人で旅に参加できるように準備するための「バスツアー」である。東京都庁付近のバスのヤードや羽田空港の利用の仕方などを実践的に「一人で」学ぶのである。そして、その間にも、食事の時間などを通じて新しい友人関係ができていく。その様子は、まるで「修学旅行」のような雰囲気に包まれているといわれている。参加者の一人の女性は、「これまで姑や夫の面倒をみることで生きてきた。小姑もうるさかった。ようやく、自分の時間が持てるようになってうれしい。」と語っているのが印象的である。

　社会学者の上野千鶴子は、「没イチをマイナスに感じる必要はありません。女性の中には"配偶者ロス"に悩まれる方もいますが、大体３年ぐらいで回復し、そのあとは人生を謳歌なさる人が多い」と、「没イチ」をもっと前向きに捉えてほしいと語っている。

（3）「没イチ」をきっかけにサロンを起業

　夫の死をきっかけに専業主婦を卒業し、起業に踏み切った女性もいる。斉藤恵さんは東京のマンションを売り払い、故郷の岩手で女性向けサロンを経営している。決断の背景には、がんの痛みに苦しむ夫の足をさすり続けた経

験があった。夫に感謝された「足もみ」で誰かの役に立ちたい、そんな思いから専門学校でさらに技術を磨き、起業家としての新たな人生をスタートさせた。

　さらに、今後の自由な生き方を求めて、亡くなった伴侶の親族との関係を解消する「死後離婚」を選択した。前出の小谷みどりさんは、「これまで女性が結婚するということは、家に入る、嫁になるという考え方が強く、夫が早くして亡くなっても、妻は姑の介護をするのが一般的だった。しかし、いまは夫が亡くなったあとに、夫方の親戚と区切りをつける人も少なくない」と述べている。

　また、この番組の中で、次のような高齢者の実証的データも紹介された。

　「2017年、団塊世代が70代に突入する。本格的な超高齢化社会を迎える中、配偶者と死別する人は年々増加し、2015年には864万人（65歳以上）に達した。核家族化が進んだ現代では、配偶者との死別後には1人暮らしになるケースが多く、孤独感や喪失感に苦しむ人は後を絶たない。

　死別後の生活については、男女で意識の違いがあると説明される。最新のアンケート調査では『外出する時間が増えた』と回答した女性は50％と半数を占めていたが、男性は32％にとどまっている。また、現在の幸福度を10点満点で尋ねると、女性は8点と答えた人が最も多く、男性は5点が最多であった。男性よりも女性の方が『没イチ』での幸福度は高い。」「世話をしていた夫がいなくなることで、女性はよりアクティブになる傾向がある」と指摘されている点である。その一方で、「男性は自分が先に死ぬと思い込んでいるところがあり、妻だけが頼りと言う人も多いからではないか」と、その違いの原因が分析されている。

（4）生涯学習実践の展開としての「没イチ」の意味

　放送された番組の内容の概略は、これまで見てきたような3つの事例から構成され、一言で言えば、「没イチ」の生き方の実際を紹介するものであっ

た。別の言い方で言えば、「配偶者の死にどのように対応して一人で生きていくのか」という高齢者の現実的・生活的な課題に対する一つの答えである。

　これらは、現代の高齢者の「生涯学習実践」の展開と言ってよいと思われる。先に見てきた高齢者に関する理論の内容を取り混ぜながら、理論とは別に無自覚的に、身近な生活課題から自らが悩み、解決策を探って考え、実際に行ってきている「自己教育・学習実践」ということができる。理論との関係で言えば、たとえば、R. J. ハヴィーガストの「高齢者の発達課題」の「③配偶者の死に対する適応、④同年代の人と率直な親しい関係を確立する」という発達課題に対する自らの解答である。

　「没イチ」については、「没イチのネーミングには抵抗感がある。」とか、「故人を馬鹿にした態度としか感じない。」という批判もある。また、これまでの「生涯学習実践観」すると、「これらは、生涯学習実践ではない」と考える向きもあるかもしれない。それらの批判に対して、最後に、エットーレ・ジェルピの言葉を再び引用して、その答えを示してこの章のまとめとしたい。

　「第三の年代の生涯教育は、病院や『施設』の講義室のなかでもっぱらおこなわれるのではない。生涯教育とは、その人が、近隣地域で暮らし続ける権利、地域共同体のなかに根づいた集団文化を保存していく喜び、他者が、われわれに準備してくれなかった種々の経験をもつ可能性の中にある。」

　「問題は老人に『力』を与えることではなく、彼らに、単に生き残る権利ではなく生きる権利を回復することなのだということを明らかにしておこう。つまり、老人達を片隅に追いやってしまうのではなく、他者とともに生きること、自分自身の関心を発見し、探求し、発展させつづけられる生活こそがもっとも重要なことなのである。」と、エットーレ・ジェルピは結んでいる。

引用・参考文献
　麻生誠・堀薫夫編著『生涯学習と自己実現』放送大学教育振興会、2002年。

エットーレ・ジェルピ著、前原泰志訳『生涯教育－抑圧と闘争の弁証法－』東京創元社、1983年。

E. H. エリクソン著、朝長正徳他訳『老年期』みすず書房、1990年。

「おひとりさま上等！“没イチ”という生き方」－ＮＨＫ「クローズアップ現代＋」2017年6月13日（火）放送。

「クローズアップ現代＋2017/06/13（火）22:00の放送内容」（datazoo.jp/tv/ クローズアップ現代＋/1070215）。

小谷みどり著『没イチ　パートナーを亡くしてからの生き方』新潮社、2018年。

ルイス・ローイ、ダーレン・オコーナー著、香川正弘他訳『高齢社会を生きる高齢社会に学ぶ－福祉と生涯学習の統合をめざして（MINERVA 福祉ライブラリー）』ミネルヴァ書房、1995年。

東洋・高橋恵子・柏木恵子編『生涯発達の心理学2』新曜社、1993年。

R. J. ハヴィガースト著、児玉憲典他訳『ハヴィガーストの発達課題と教育』川島書店、1997年。

堀薫夫著『教育老年学と高齢者学習』学文社、2012年。

第13章　教師と生涯学習
―「教師力」育成のための「生涯学習」の課題と方策―

1　わが国の「教師」の職能開発の現状と課題

　「学び続ける教師像の確立」、周知のように、中央教育審議会答申「教職生活の全体を通じた教員の資質能力の総合的な向上方策について」（2012年8月28日）において、教職生活全体を通じて、実践的指導力等を高めるとともに、社会の急速な進展の中で、知識・技能の絶えざる刷新が必要であることから主張されたこれからの教師に求められる「資質・能力」についての提言を象徴する言葉である。

　そして、具体的に、「(1)教職に対する責任感、探究力、教職生活全体を通じて自主的に学び続ける力(2)専門職としての高度な知識・技能、(3)総合的な人間力」が教師に必要とされる。この「学び続ける教師」の主張に関しては、「文部科学省はじめ教育委員会が謳う『求められる教員像』は、年齢や経験にもとづく変化を想定していない、一元的な姿で語られている。『学び続ける教師』などその最たるものだろうが、この表現が何ら批判を招かないように、何も言っていないに等しい。」というような教師に求められる資質・能力の多様性や変化への配慮が欠けている表現であるという批判的な意見もみられるが、基本的には、多くの誰もが賛成しており、現在、教師について語る「前提」や「論点」の一つとして当然のごとく使われてきている。

　しかしながら、逆に言えば、「学び続ける教師像の確立」が主張される背景には、「学び続けられない教師」や「学び続けない教師」がいることを意味している。それが、この提言文章の中に「確立」という言葉の必要な理由であろう。

　わが国の教師に関する大規模データである OECD 国際教員指導環境調査（TALIS）2013年調査報告書『教員環境の国際比較』によると、教員の仕事の時間配分では、参加国平均の38.3時間に対して、日本（192校、3521人の教員の参加）では53.9時間（平均）であり、調査参加国・地域の中で最も多くなっている。日本の教師は、世界で最も「多忙な先生」ということである。

　職能開発、すなわち、自己のスキル（skill）・知識（knowledge）・専門性（expertise）・その他の教員としての特性（characteristics）を発展させることを目的とした活動では、研修が義務化されている公的な初任者研修への日本の参加率は83.3％で参加国平均の48.6％の参加率よりも高い数値を示している。日本の場合には、他国と比較して学校内で指導を受けるのが盛んであるという特徴のほかに「他校の見学」（参加国平均19％、日本51％）という職能開発の形態が高い数値を示している。その職能開発の内容別のニーズでは、「担当教科等の分野の指導法に関する能力」（参加国平均9.7％、日本56.9％）「担当教科等の分野に関する知識と理解」（参加国平均8.7％、日本51.0％）「生徒の行動と学級経営」（参加国平均13.1％、日本43.0％）「生徒への進路指導やカウンセリング」（参加国平均12.4％、日本42.9％）へのニーズが高いという特徴がみられる。その一方で、そのような職能開発への参加の障害となっている原因は、「職能開発の日程が仕事のスケジュールに合わない」（参加国平均50.6％、日本86.4％）、「職能開発の費用が高すぎる」（参加国平均43.8％、日本62.1％）、「雇用者からの支援の不足」（参加国平均31.6％、日本59.5％）、「家族があるため時間が割けないこと」（参加国平均35.7％、日本52.4％）が高いという特徴がある。

　この教員に関する国際調査から、職能開発という点で、日本の教師は義務の研修は何とかこなしており、そして、その他の職能開発も身近なところで学校内の児童・生徒の学習指導・生活指導に関することを中心にして行ってきてはいる。しかし、「多忙」がゆえに「教師としての自己開発」に時間をかける余裕や経済的な余裕もなく、その上に職能開発と家庭との両立にも苦

慮しているという教師像が浮かんでくる。まして、学校外・地域社会での職能開発は困難が伴う状況であると予想できる。つまり、現代のわが国の教師は、専門職としての条件として「学び続けること」求められてはいるが、社会的・経済的な様々な理由で、それどころではなく、学びたくても「学び続けられない教師」も数多く存在するということを示している。

では、現代社会で教師に求められる「資質・能力」とはどのようなものなのか、すなわち、「学び続ける教師」に必要とされる「学習内容」について考えてみることにする。

2 教師の職能開発の「学習内容」
──「教師力」の概念・提案と「教師の資質・能力」の六層理論

（1）「教師力」の言葉の登場

「教師の資質・能力・力量」を表す言葉・概念の一つとして「教師力」というものがある。この言葉の登場には、2003年頃の朝日新聞の連載記事「教師力」と読売新聞の連載記事「教育ルネサンス」での「教師力」が影響したものといわれている。朝日新聞の「教師力」では、主に、「指導力不足教員」という教師不適格者の問題と関係するものとして使われていた。読売新聞の『教育ルネサンス　教師力』では、「教師力」について「教師力とは、授業力と人間力を併せ持つことで発揮できる力だ。」とはじめに定義し、そして「その教師力が今日ほど問い直されている時代はないだろう。」と述べてこの言葉を使い始めている。また、2003年6月には、河村茂雄の『教師力（上・下）』というタイトルの本が出版されている。河村茂雄は、「教師力」について、単なる教師の指導力と捉えるのではなく、教職を仕事として選択した人間が教師という役割を通して、自ら人間として発達していこうとする力と考えると述べて、発達心理学・カウンセリング心理学の立場から教師の心の健康へのアドバイスを行ったものであった。

　その後、約10年後の今日に至るまで、たとえば、『教師力アップ　成功の極意』などのように、この「教師力」という言葉を本のタイトルやその一部にした教育書が数多く出版されてきている。特に、教師の資質・力量形成に関する中心的なキーワードとしてこれまで広く展開してきている。最近では、いわゆる学力低下問題との関わり合いで、「教師の力量は子どもの実力アップを大きく左右する。学校現場を回り、教師力を高めるための課題を探った。」（付点は筆者）などと一般の新聞の第一面にもごく普通の言葉として記述されるようになっている。では、このように一般的となってきた「教師力」の概念・提案内容とはいったいどのようなものなのだろうか。主な提案について具体的にみてみると次のようになる。

(2)「教師力」の概念と提案
　①堀裕嗣の「教師力ピラミッド」
　2007年に堀裕嗣（元中学校教師）は、「教師力ピラミッド」を考案し提案している。その中で、堀裕嗣は「教師力＝モラル＋指導力＋事務力＋創造性」と「教師力」の基本的な概念を定義している。そして、「モラルから創造性へ」という「教師力」形成の方向性を示した。
　この「教師力」は、保護者のクレームや教師批判の報道（「讀賣教育メール」）から抽出されたもので、「世論」が求めている「教師力」であると説明されている。そして、それを図に示したものが図 13-1 である。
　この「教師力ピラミッド」は、教師の日常的な仕事に関して、教師に求められている資質と能力を網羅し、三角形の底辺から頂点に向けて、資質・能力の習得を難易度に応じて三段階にランクづけしたもので、第一段階は「モラル」と「生活力」である。「生活力」とは日常生活で必要なライフスキル全般で簡単な子どもの体調・病気診断やテレビの修理、ビデオの撮影・編集技術が具体例とされている。第二段階は「指導力」と「事務力」である。「指導力」には「父性型指導力」「母性型指導力」「友人型指導力」の三種類

図 13-1 堀裕嗣の「教師力ピラミッド」

（出典：堀裕嗣『教師力ピラミッド』明治図書、2013年）

があり、場面に応じて「厳しさ」「優しさ」「気さくさ」のパーソナリティを
使い分けられる能力が求められるという。また、「事務力」の中には、成績
処理や進路事務などに関する「緻密性」、新たな授業法を開発する「研究力」、
複雑な時間割作りや年間計画の策定などの教育課程の編成にかかわる「教務
力」が含まれるとされている。第三段階は「先見性」と「創造性」となり、
このモデルの頂点となる。子どもの事故・事件の予見や学校の独自性の創造
に関わる部分である。このモデルは、「世論や保護者の鏡」、「教師の自己評
価の枠組み」、「教師の成長モデル」となっていると説明している（堀、2013
年）。

　②山田洋一の「教師力」

　2012年には、山田洋一（元小学校教師）がそれまでの研究成果を基にして
新たな「教師力」モデルを提案している。山田洋一の「教師力」モデルは、
「組織人力」「授業力」「学級経営力」「人間力」の4つの領域から構成されて
いる。そして、その領域ごとにかなり数多くの様々な具体的な下位項目―要
素群が示されている。これは、学校経営系の雑誌等の掲載論文のテーマを基
本資料としてKJ法で分類したものとされる。堀裕嗣の場合と基になる資料
は異なるが、それまでの様々な論考での教育課題・テーマの検討・分析から
帰納的に抽出して構成した「教師力」ということで、堀裕嗣の場合と同様に
ある種の「世論」から創られたモデルといえよう。それを示したものが下の

表 13-1 山田洋一の「教師力」

教師力の要素

組織人力
健全な職業観／モラル／危機管理性／記録能力／メンタル／文書作成能力／クレーム対応／事務処理能力／トレンド性／チーム性／先見性／後進育成意欲／人間愛／説明能力／教育課程編成能力／研修牽引能力／行事運営能力／若手指導力／根回し力／生活力／上機嫌力

授業力
健全な授業観／教材読解力／教材作成力／学習形態操作力／コメント力／健全な子ども観／指導案作成能力／発問作成力／板書構成力／宿題・家庭学習管理能力／ファシリテーション能力／円滑な授業運営（リズム・テンポ）／習熟度別指導力／情報処理・管理能力／他機関連携能力／対話術

学級経営力
健全な序列観／豊かな言語性／説明力指示力／成長論的指導力／特別支援教育的対応力／環境構成力／空気調整力／学級組織形成能力／企画（遊び）力／タイムマネジメント能力／健全な学級経営観／規律遵守力／観察力／洞察力／ペーシング

人間力
健全な人生観／畏敬の念／改善意欲／自己キャラ編集能力／ユーモア／健全な幸福観／健全な宗教観／求道心／古典力／空気を読む力／特技／健全な国家観／利他心／自己分析力／人生経験／健全な生命観／無償の愛／メタ認知力／温かさ

（出典：堀裕嗣・山田洋一著『教師力トレーニング』、明治図書、2013年）

表13-1の一覧表である。

　山田洋一は、この表は現代の教師が現場で求められる力の総体を表していると述べている。

　ところで、この表をみると、表に網羅された「教師力」をすべて備えた教師は日本に何人いるのだろうかという疑問が浮かぶ。その疑問に対して、山田洋一は、すべての教師がそのすべてを身につけている、或いは、身につけられるわけではない。それらを最終目標として各教師が努力するものであり、教師同士が協力しあい補完し合うものであると答えている。また、この表に関して、「これらの能力を、初任者研修のコンテンツに落とし込んで研修プログラムを作成していけば、コンテンツ上、漏れのないプログラムができる。」とも述べて、その完成度の高さを誇っている。しかしながら、この場合、各構成要素の相互関係や順序・順次性、「資質・能力」の形成過程につ

いての説明はない。

③「二つのモデル」のまとめ

堀裕嗣は「教師力」について「教師力＝モラル＋指導力＋事務力＋創造性」と主張し、山田洋一は「教師力＝人間力＋学級経営力＋授業力＋組織人力」と主張している。表現は若干異なっているが、その基本は教師として必要な「要素」「スキル」を中心にして、「『教師力（Y）』＝要素・スキル X1＋要素・スキル X2…＋要素・スキル Xn」というように表現できる加算方式である。それと同時に、授業に関する実践力の他に「モラル・生活力」、「人間力」とに表現される「人間としての生き方」が共通して示されている。また、両者共に「世論」が求めている「教師力」であるということや教育実践の場での「教師力」の習得方法（学習方法）を具体的・リアルに示しているという共通性もある。

このような網羅された領域ごとの「スキル」群としての「教師力」を市場原理の働く学校における「消費者のニーズに対応できる力」として捉え、消費者の要求に応える様々な「スキル」だけでは問題があるという批判意見がある。そしてさらに、「教師力」を現場のニーズに応える力として、すぐに役立つスキルの獲得に終始するならば、学校や教師は現象に振り回されてしまう。それゆえ、別種の「教師力」を高める必要があると「スキル」中心の「教師力」を批判する）。その別種の「教師力」とは、教育の理念の実現に向かって努力する力、子どもや組織を総合的にみる力とその「指向性・方向性」を育むものであるという。

その点で注目されるのが、2012年に発表された今津孝次郎（大学教師、教育社会学専攻）の提唱する「教師の資質・能力」についての理論であると思われる。今津孝次郎は、「教師力」という表現を使わず、一貫して「教師の資質・能力」という言葉を使用している。また、日本の「教師の資質・能力」≒英米の「コンピテンス」とも考えている。

表 13-2　資質・能力の層構成

資質と能力	内　　　容	外からの観察・評価	個別的・普遍的状況対応
能力　↑ ↓　資質	A 勤務校での問題解決と、課題達成の技能 B 教科指導・生徒指導の知識・技術 C 学級・学校マネジメントの知識・技術 D 子ども・保護者・同僚との対人関係力 E 授業観・子ども観・教育観の練磨 F 教職自己成長に向けた探究心	易　↑ ↓　難	個別的 普遍的

今津孝次郎著『教師が育つ条件』（岩波新書1395、岩波書店、2012年、より）

(3)「教師の資質・能力」の六層理論

　今津孝次郎は、次の表13-2に示される「教師の資質・能力の六層構造」を主張している。すなわち、「A．問題解決技能、B．指導の知識・技術、C．マネジメントの知識・技術、D．対人関係力、E．教育観、F．探究心」の六層の主張である。そして、六層の配列、各層の特徴とその養成方法との関連、さらにはそれら六層の相互関係について次のように説明を加えている。

　まず、六層の構成原理・配列について、AからFに向かうほど「資質」的側面が強くなり、逆にFからAに向かうほど「能力」的側面が強くなる。そしてAからFへの順序は外から観察・評価しやすい層から観察しにくい層へと配列している。中間のDが両側面に関わる層である。資質・能力として一般に想起される「教える知識・技術」はB〔指導の知識・技術〕に位置づく。また、教師自身が重要な力量として挙げる「実践的指導力」はA〔問題解決技能〕に属する。AはBを基礎として産み出されるが、深い層のC〜Fに支えられてはじめてBそしてAが実現する。これまで重要な資質として主張さ

れてきた「子どもに対する愛情」はD〔対人関係力〕に含まれる。さらに、「教育への情熱」はA〜Fすべてに関わるが、特に、F〔探究心〕と一体になる性質である。そして、これまでの教員養成や現職研修ではBとCに力点が置かれてきた。それは外から観察・評価しやすい力量であったからであると六層と職能開発との関係をも説明している。その典型が短期集中型の教員免許更新講習であり、それでは観察・評価しにくいD〜Fについては脇に置かれてきたとする。

　続いて、六層の相互関係については、「六層の根底にあるF〔探究心〕は、A〜Eに常に新たな息吹を与えるエネルギーの源泉である。しかも、このFは専門職に本来備わっているはずであり、このFがあるからこそ専門職としての自律性が保証されると言える。そして、この源泉が枯渇すればA〜Eすべてが低下する。したがって、教師が育つ過程でFを資質として根付かせるために、いかなる具体的な教育と研修プログラムを提供できるのかが重要な課題となる。」と「教師の資質・能力」におけるF〔探究心〕の重要性を主張している。また、D〔対人関係力〕が要の基準である。教師という地位だけで周囲から尊敬されるような時代は過ぎ去り、クレームを受けることが当たり前になった現代の教師にとって、Dの重要性がいっそう高まっている。」と説明され、現代社会では、「教師の資質・能力」として、特に「A．問題解決技能、D．対人関係力、F．探究心」が重要であると主張している（今津、2012年）。このモデルは、「『教師力（Y）』＝F（A・B・C・D・E）」などと表現できるような因果関係の考え方である

　このモデルに対しては、順序性をもたせて構成した当モデルは妥当性があり，教師の資質能力研究の有効な指標としても評価されるが，モデルの理論的根拠がやや弱いようにも思われると評価されながらも理論的な根拠とモデルの精密化に対してのさらなる要求が示されている。理論的な根拠という点では、教師に対する様々なインタビュー調査―退職校長・現場教師の生の「声」―を基にして考案されたと推測するが、このモデルの明確な出処は定か

でない。この批判に対して、今津孝次郎は今回の六層論は操作的な枠組みの試案であり、固定したものではなく、状況の変化によっては改訂してもよいものであると答えている。

　この理論を展開しながら、「教師の資質・能力の六層構造」の育成方法として、制度的な側面からの提案もしている。すなわち、「『教員養成』+『初任者研修』+『現職研修』=『生涯学習』としての『教師教育』」の提案である。「教師教育」の全過程への配慮とそこでのＦ〔探究心〕の培養が重要性と主張しているのである。

3　「教師力」・「教師の資質・能力」と「生涯学習」

　では、「教師力」・「教師の資質・能力」と「生涯学習」の立場との関係はどのようになっているのだろうか。それについて、(1)「教師の資質・能力」という視点で「生涯学習論」を振り返ってみた。また、(2)生涯学習からの「教師力」・「教師の資質・能力」の提言について整理してみた。

(1)「生涯学習論」における「教師の資質・能力」論の展開

　「教師力」・「教師の資質・能力」と「生涯学習」との関係について、これまでの「論考」を整理してみると、「教師の資質・能力」とその育成に関する意見表明は、現代的な「生涯学習（教育）論」の提唱当初から行われていたということができる。

　ポール・ラングラン（Paul, Lengrand）は、1965年のユネスコでの会議に提出した「ワーキング・ペーパー」中で既に「教師の生涯学習」の必要性を主張している。すなわち、生涯学習（教育）の目標は生活と教育を密着させるところにあり、そのためには学校は「地域社会学校」化される必要があり、学校及び学校教育がその地域のすべてのおとなに広く開かれる必要がある。そして、「その教育のために先生がさらに成長する機会と義務が必要であることも意味している。」と述べ、学校と地域社会との関連性の強化とそのた

めの学校教師のさらなる学習の必要性をすでに主張している。また、著書
『生涯教育入門』（1970年）の中では、周知のように、学校の役割は全過程を
通して「学ぶことを学ばせる」ことにあると述べて、学校では学習への内発
的な動機付け、自己学習・教育方法の修得、論理的・合理的なものの考え方
の学習を進めることが必要であると提言している。これを逆にいえば、教師
に必要とされる資質・能力は、「学ぶことを教える」資質・能力であること
を意味している。さらに、教師が一般市民生活や成人教育の世界との接触す
る機会の必要性があることを主張し、「教師教育」の在り方についても述べ
ている。また、職業的教師とその他の人々との「協働」が「生涯学習（教
育）」社会の実現の基本条件の一つであることを示して「教師の生き方」と
「生涯学習」との関係について論じている。このように、「生涯学習論」では、
いち早く、「学び続ける教師」を提唱していたのである。また、「キャリア教
育」という視点は新たに現代の教師に求められるものという認識が高まって
いるが、ポール・ラングランは、1960年代後半から1970年代初めにかけて、
すでにその教育の重要性についても認識していた。ポール・ラングランは、
子どもたちに必要な今後の教育的な課題について 6 項目を指摘しているが、
その中の一つに、子どもたちの「労働の価値に関する学習」、すなわち「キ
ャリア教育」の必要性を唱えていた。逆にいえば、「教師力」・「教師の資
質・能力」の一つとして子どもの「キャリア教育」を指導・支援できること
を求めていたということができる。

　このような理論的な基礎を持ちながら、これまで、生涯学習の立場からは
「教師力」・「教師の資質・能力」や「教師教育」には積極的に関わってこな
かったといえる。その背景には、わが国での「生涯学習（教育）」論の受
容・変容過程と関係すると思われる。しかし、ポール・ラングランの初期の
提言で明言されているように、「学校・教師改革」は生涯学習推進の前提条
件、すなわち、「生涯学習（教育）論」は「学校・教師改革論」であり、そ
の提言の中に「教師力」・「教師の資質・能力」や「教師教育」に関する内容

があるという認識を強く持つ必要がある。特に、教師自身がそれを認識すべきである。そして、それゆえに、それらを含めて、「生涯学習」の意味や意義についての理解を深めておくことが教師には必要である。基本的なことであるが、教師の学習課題の一つである。そして、「生涯学習」の立場からは、もっと積極的に「学校・教師改革」にかかわって当然のように思われる。

「教師力」・「教師の資質・能力」に関しての積極的な関わり方といえば、「教師のキー・コンピテンシー」の提案が特に注目される。

⑵現代の生涯学習研究者による「教師力」・「教師の資質・能力」論の展開

　　―教師の「キー・コンピテンシー」概念とその提案―

教師の「キー・コンピテンシー」は、立田義裕（生涯学習研究者）による「教師力」・「教師の資質・能力」内容論の展開である。2009年から2010年にかけて提案され、2014年に集約された。「教師力」・「教師の資質・能力」内容論に関して「成人としての資質・能力」・「生涯学習」の立場から展開された最新の理論である（立田、2014年）。

「学び続ける教師に教えられる児童や生徒は、大きな影響を受けて優れた学習者になる可能性がある。読書の社会的な習慣が勢多性にわたって遺伝していくように、学習する習慣も、学校教育を通じて教師から児童や生徒に社会的に伝染していく。」というような「学び」の社会的な遺伝という考え方から「学び続ける教師」自身にとって必要な「キー・コンピテンシー」（≒総合的な人間力）を提案している。

「コンピテンシー」とは、「単なる知識や技能だけでなく、技能や態度を含む様々な心理的・社会的なリソースを活用して、特定の文脈の中で複雑な課題に対応することができる力」を意味し、その主な能力を「キー・コンピテンシー」という。そして、その「キー・コンピテンシー」の核心には「考える力」（思慮深さ・反省性）が存在するともいう（図13-2参照）。

この「キー・コンピテンシー」に関して、今西幸蔵は、社会教育行政を推進するための新しい課題として「キー・コンピテンシー」の学力概念が重要

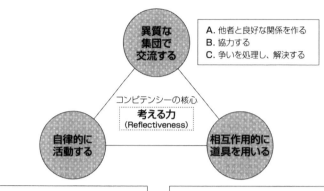

図 13-2　3 つの「キー・コンピテンシー」

（出典：立田義裕『キー・コンピテンシーの実践—学び続ける教師のために』明石書店、2014年）

となるという見解を示している（今西、2007年）。

　教師の「キー・コンピテンシー」には、「自己啓発力」、「人間関係力」、「道具活用力」の3つの要素があるという。そして、その三つの要素はさらに三つの「サブ・コンピテンシー」から構成されるとしている。「自己啓発力」とは、決定や選択、自らの欲求や要求を実際の活動に置き換える能力と説明され、これには具体的に展望力・物語力・表現力がある。「人間関係力」とは、他者と共に学び、働き、円滑に交流することができる力と説明され、これには対話力・協働力・問題解決力がある。「道具活用力」とは物理的な道具の使用能力ということだけでなく、文化的・環境的な対話能力と説明され、これには言葉の力・科学的思考力・テクノロジーがあるというのである。

　確かに、「自己啓発力」、「人間関係力」、「道具活用力」の3つの要素それぞれの意味内容やその重要性については理解できる。また、「一つのコンピテンシーの学習は、他のコンピテンシーの基礎となり、深い関連を持つもの

と考えられている。」という説明はされている。しかしながら、中核の「考える力」と三つの要素の相互・規定関係、さらには順序性、すなわち「資質・能力」の形成プロセスとその具体的な学習方法が先に検討した「教師力」や「教師の資質・能力の六層構造」程、明確に示されていない。さらに、従来・従前の「教師力」・「教師の資質・能力」論をどう捉えているのかという点も明確ではない。とはいうものの、「生涯学習」の立場からの積極的な提案として高く評価できるし、「教師の資質・能力」の問題について生涯学習の立場からの今後の展開の基礎となることは確実である。

4　「教師力」・「教師の資質・能力・力量」と「生涯学習」の課題と方策

　これまで、教師をめぐる諸問題、「教師力」・「教師の資質・能力・力量」の概念や内容、そして、教師の「教師力」・「教師の資質・能力・力量」と生涯学習との関係について考えてきた。それを基礎に、生涯学習の立場からみた「教師力」・「教師の資質・能力・力量」の課題は何なのか。また、その課題をどのように考えて対処すべきなのか、或は、混迷する教師にどのような支援策が考えられるのだろうか。最大の課題は、「教師力」・「教師の資質・能力・力量」の概念や内容をどう捉えるのかということである。「キャリア教育」で様々な「資質・能力」の習得リストが示されているのと同様に、これまでの「教師力」と「教師の資質・能力」に関する提案は多種多様であり、それぞれの提案に対して高い評価もあれば直接・間接の批判もある。それらを大きく分類すると、「加算方式」の「スキル群」として捉える方向性と「因果関係」に基づく「カテゴリー方式」で捉える方向性の２種類があるといわれているが、様々で多様な「教師力」、「教師の資質・能力」の概念や内容を生涯学習の立場からどのように捉え、受け止めるのかということが基礎的な課題である。それに対する「生涯学習」からの回答の一つが「教師のキー・コンピテンシー」の提唱とその「学習の勧め」ということになる。

しかし、このモデルの論理的な根拠は「OECD のデセコ・プロジェクト」での「コンピテンシー」である。その意味では、外圧的な「教師力」・「教師の資質・能力」論の一つである。この「外圧」についての見解も示されてはいる。しかし、この点について提案者も気にかかっている点なのか、日本文化の特質を生かした「日本版のキー・コンピテンシー」の開発が課題であるとしている。

　「成人」（≒「人間」）にとって必要な資質の世界標準「キー・コンピテンシー」があり、これを将来の「グローバル成人」の児童・生徒が「人生の成功」や「幸福」のために学ぶ。そして、その学びを支援するのが教師である。それゆえに、学習者以上に「キー・コンピテンシー」を理解し教師自身がその能力や教育力・指導力を向上させておく必要がある。そこで教師の「キー・コンピテンシー」の習得が必要になり、教師の「生涯学習の課題」となるという論理である。

　この論理で考えると、究極的・最終的には、教師は「人生の成功者」であり、「幸福」な人々でなければならない。コンピテンシーは、1つひとつその有無を確かめる要件でもなければ、チェック項目のように網羅的に獲得するための指標でもないといわれるように「教師力」とは異なる次元のものという見解もある。教師の「キー・コンピテンシー」は、いわゆる「ハイパー・メリットクラシー」ではないだろうか。これにどのように答えるのだろうか。

　更なる教師の生涯学習支援の方策として、この教師の「キー・コンピテンシー」と他の「教師力」・「教師の資質・能力・力量」との関係を明らかに示して、より具体的な「教師の生涯学習内容と方法」の支援を展開することが生涯学習関係者に課せられた今後の課題である。

引用・参考文献
　中央教育審議会「教職生活の全体を通じた教員の資質能力の総合的な向上方策につ

いて　～　平成24年8月28日中央教育審議会答申　～」文部科学省、2012年。

榊原禎宏「『求められる教員像』という文法」『学校・教職員の現在と近未来一のブログ』2013年

国立教育政策研究所編『教員環境の国際比較一OECD 国際教員指導環境調査（TALIS）2013年調査報告書』明石書店、2014年。

読売新聞教育取材班『教育ルネサンス　教師力』中央公論社、2006年。

河村茂雄『教師力　教師として今を生きるヒント　上・下』誠信書房、2003年。

堀裕嗣『教師力アップ成功の極意』明治図書、2012年。

「静岡の学力　小6最下位の衝撃　教師力を高める　上」『静岡新聞』2014年3月1日（土曜日）朝刊、1面。

堀裕嗣『教師力ピラミッド』明治図書、2013年。

山田洋一『発問・説明・指示を超える技術　タイプ別上達法』さくら社、2011年。

堀裕嗣・山田洋一『教師力トレーニング・若手編　毎日の仕事を劇的に変える31の力』明治図書、2013年。

山田洋一『小学校初任者研修プログラム　教師力を育てるトレーニング講座30』明治図書、2014年。

油布佐和子「教師力とは何か　スキルの習得を超えて」日本教育会編『日本教育』9月号（No.415）日本教育会、2012年。

今津孝次郎『教師が育つ条件』岩波新書1395、岩波書店、2012年。

日本教育社会学会編『教育社会学研究』第93集、東洋館出版社、2013年。

日本ユネスコ国内委員会編『社会教育の新しい方向一ユネスコの国際会議を中心として一』日本ユネスコ国内委員会、1967年。

ポール・ラングラン、多野完治訳『生涯教育入門（改訂版）』全日本社会教育連合会、1976年。

立田義裕『キー・コンピテンシーの実践　学び続ける教師のために』明石書店、2014年。

立田義裕・井上豊久・岩崎久美子・金藤ふゆ子・佐藤智子・萩原亮吾『生涯学習の理論』福村出版、2011年。

今西幸蔵『天理大学生涯教育研究』第11号、2007年。

矢田貞行『東海学園大学研究紀要』第19号、2014年。

山崎準二・矢野博之編『新・教職入門』学文社、2014年。

日本生涯教育学会年報編集委員会編『日本生涯教育学会年報第35号　一成人力と生涯学習一』日本生涯教育学会、2014年。

第14章　生涯学習支援の基礎的視点形成のための教育学理論

　この本の「はじめに」において今回の出版の意図として、教育学視点から
「生涯学習」について考察してみる試みをしたいと述べておいた。この本の
「最終のまとめ」に替えて、教育学からの「生涯学習支援」に役立つ理論に
ついて考え、今後の生涯学習の教育実践を展開するための基礎的な視点を提
供してみたい。

1　教育学の「ミクロ的視点」の基礎理論
──「教授＝学習」過程の基本の理解を目的とした教育実践

　「ミクロ的視点」の基礎理論とは、教育・学習計画立案実施のための理論
であり、教育方法に関する原理・原則である。具体的には、学校教師が教室
等で児童・生徒とどのように接し、「教授＝学習」行うのかという問いに対
する基本的な考え方のことである。ここでは、その「ミクロ的視点」の基礎
理論─「教授＝学習」過程の基本理論の理解を目的として実際に行った教育
実践の展開を「ふりかえる」ことから始めたい。

（1）ディズニーのアニメ映画『わんわん物語』とTBSドラマ『家栽の人』
　　による学習の展開
　まずはじめに、いきなり映像資料をみせることから授業を始めた。
　映像資料の提示からはじめて、教育学理論書の購読、それに関連する具体
的な教育実践報告の購読の学習へと進める授業の展開を事前に考えていた。

①『わんわん物語』による学習の展
　開（映像資料の提示）

　まずはじめに、何も説明をしないま
まにディズニーのアニメ映画の『わん
わん物語』の冒頭から映像を教室のス
クリーンに映した。『わんわん物語』
は、改めて言うまでもなく、アメリカ
のニューイングランドに住むダーリン
グへのクリスマス・プレゼントとして
ディア家にやってきたコッカー・スパ
ニエル犬の「レディ」の有名な物語で
ある。

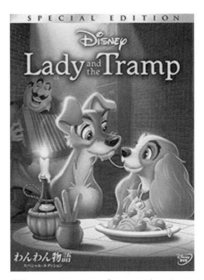

（㈱ウォルト・ディズニー・ジャパン、
2012年）

（第1番目の映像シーン）

ジム：贈り物をダーリング。クリ
スマスおめでとう。

ダーリング：まあ、ジム、前から私が欲しがっていた帽子でしょ。リボ
　　　　　　ン付きの。

ジム：半分当たり。リボンは付いている。

ダーリング：可愛いいワンちゃん。

ジム：気に入った？

ダーリング：ええ、とっても。だって、こんな素敵なレディは他にいな
　　　　　　いわ。

ジム：さあ、レディ。ここへおいで。よーし、いい子だ。そーら、静か
　　　に寝るんだよ。

ダーリング：でもジム、これで寒くないかしら。

ジム：大丈夫だとも。朝までぐっすりさ。ああそうだ、忘れるところだ
　　　ったよ。トイレもね。お休みレディ。さあ、心配しないで、すぐ

寝ちゃうさ。

（レディは籠のベットから出て、ドアのそばにいく。そして、ドアを開けて、階
段下までご主人たちの後を追う。）

ジム：来きちゃダメだろ。ここがお前のベットだよ。さあ、寝て。

ダーリング：ほら見て、寂しいのよ。どうかしら、今夜だけでも。

ジム：それがいけないんだ。誰が主人かを知らせるには最初が肝心でね。

（ご主人は、椅子で台所のドアが開かないようにする。）

（レディは泣き叫ぶ。）

ジム：　レディ、うるさいぞ。静かに。

（レディは泣き叫び続ける。）

ジム：こら、鳴くんじゃない。いいな。ベットへ戻れ。さあ早く、騒ぐ
んじゃないぞ。

（レディは階段を上り、ご主人たちの部屋に入る。そして、映像シーンは続く。
紙面上、以下省略。）

　この視聴後の後、受講者たちに、「皆さんも小さい頃、見た経験があると
いう人も多いかと思いますが、有名なディズニー映画の『わんわん物語』で
す。今見たところで、教育・学習という観点からするとどんなことが描かれ
ていたと思いますか？　どなたか説明してはくれませんか。」と問いかけた。
しかし、なかなか意見が出てこない。しばらく時間をおいてから、そこで、
「飼い主のご主人ジムを『教師』或は『親』とし、犬のレディを『児童・生
徒』又は『子ども』・『学習者』と置き換えたら、どんな状況になります
か？」とヒントを与えて、さらにしばらくの時間考えさせた。それでもなか
なか意見が出てこないので、次のような説明を加えた。
　「飼い主のご主人ジムは、口調は柔らかいのですが、犬のレディに対して、
『バスケットの自分のベットで寝ろ』或は『台所（犬用ベットとしてのバスケッ
トを置いた部屋）から出てくるな』と一方的に命令しています。言い換えれ

ば、ご主人の言うことを聞くようにレディは『しつけ』られていますね。理由はよくわかりませんが、レディが泣き叫ぼうと飼い主に近づこうとお構いなく、『二階の自分たちの寝室の部屋に来るな。あーせい、こーせい』と状況にかまわず一方的に命令しています。つまり、ここに、飼い主のご主人ジム、すなわち『教師』或は『親』・『学習指導者』と犬のレディ、すなわち『児童・生徒』又は『子ども』・『学習者』との教育学習の関係の一つの典型を見ることができます。」、「皆さんがこれまで受けてきた教育を振り返ってみてください。『わんわん物語』のような教育状況がなんと数多くあったのではないでしょうか。私も、当然、そのような教育の中で育ってきました。」、「たぶん、多くの皆さんは、それを当たり前のこととして、そのような教育に何も疑問を持たずにこれまで来た方が多いのではないでしょうか。いかがでしょうか？」と述べて、次の段階へ授業を進めた。

　②TBSドラマ『家栽の人』による学習の展開

　「では、次の映像資料を見てみることにしましょう。今回は、先ほどとは異なり、見るべきポイントをはじめにお話しておきます。場面はある地方の家庭裁判所の法廷です。注目してもらいたいのは、裁判官、ここでは、片岡鶴太郎さんが扮しておられますが、その裁判官が非行少女を少年院に送るか、それとも家庭に返し保護観察とするかどうか最終判断をする場面です。この時、裁判官が非行少女のお母さんにいう言葉があります。ほんの１分もかからないところですので、よく注意して見聞きしてください。それでは始めます。」と事前に見るべきポイント指示してから映像を提示した。

　（映像資料の提示－第２番目の映像シーン）

　『家栽の人』「第３話　仮面を被った少女」（TBS　1993年１月21日放送）より、（紙面上、前のシーンは省略－画面は非行少女の顔のアップを映し出している。）

　（大滝調査官の語り）「この出来事が、今回の非行の原因と決めつけるのは安直かもしれない。しかし、この時から『なつみ』は家庭や学校でいわゆる良い子を演じ、いつか非行を行うことで、親を裏切ることだけを考えていた、

と彼女は供述している。」

（家庭裁判所判事室内のシーン）

桑田判事：ご苦労さまでした。やっと、あの子の心の中が見えてきましたね。

大滝調査官：はい。

桑田判事：だけど、これだけではあの子の仮面を剥がすことはできません。

大滝調査官：わかってます。失礼します。

（大滝調査官が小学校を訪ねるシーン、略）

（家庭裁判所法廷内の審判のシーン）

非行少女の母親：私に原因があるとおっしゃるんですか。

桑田判事：そうです。

非行少女の母親：冗談ではありませんわ。私は、この子を何不自由なく育ててきたんです。だから、家でもとってもいい子だったし、学校の成績だって良かったんです。私の育て方の何がいけないんですか。

桑田判事：子どもは家庭の飾り物ではありません。あなたの美意識に従って、生きていく義務はどこにもない。子どもは、いろんなものを、自分で、手で触れて、育っていくんです。あなたの役目は、この子を育てることではなく、育つのを後ろで見ていることなんです。大切なときにだけ手を貸せばいいんです。あなたは、本当の娘さんの顔が見えていません。

非行少女の母親：そんな、あんまりです。

桑田判事：大滝調査官。

大滝調査官：はい。（映像シーンは続く。紙面上、以下省略。）

この映像資料を見た後、「今度はいかがでしたか？　桑田判事は、非行少

女のお母さんに何んて言っていました
か？」と学生たちに問いかけた。する
と、今回は事前に見るべきポイントを
指摘していたためか学生からすぐの反
応があり、「『親は、子どもを育てるこ
とではなく、子どもが育つのを後ろで
見ていればよい。大切なときにだけ手
を貸せばいい。』と言ってました。」と
答える学生があらわれた。そこで、す
かさず、「その通りです。教育のポイ
ントはそこなんです。」、「それについ
て皆さんはどのように考えますか？」
と発言し、続いて、「そこに、教育学
習の在り方、学習教育方法に関するも
う一つの典型が見られます。ただし、
このタイプの教育・学習は、私たちは

図14-1　毛利甚八・魚戸おさむ著
「CASE7：桜桃」『家栽の人
①タンポポ』小学館、1988
年、p. 152より

あまり馴染みがありません。」と述べて、これまでの映像資料の意味を次の
ように説明した。（右上の漫画は、ドラマの原作部分である。）

2　教育学の「ミクロ的視点」の基礎理論

（1）「教育」を見る基本的視点

　「教育」を見る基本的視点は、大きく二つある。一つは『わんわん物語』
のように、教育する側が一方的に学習者に対して知識や技術等を伝えていく
という教育の在り方である。人間に「知識や技術を注入する」といっても良
い。そして、ここでは、教育内容が標準化されている何らかのテキストが重
要な役割を持ち、さらに、学習者は受け身がちになる。しかし、一度に大量

の学習者に対して効率よく教育を推し進めていくという利点がある。何かを初めて学ぶ場合にはとても有効な教育の在り方だと考えられる。「強制的な教育」、良い言い方をすれば、「積極的な教育」といえる。

　一方、教育する側が一方的に学習者に対して知識や技術等を伝えていくのではなく、もともと子ども（人間）は自発的・自主的・主体的に育っていくようになっているので、教育する側は子どもが自ら育つのを見守っていればよいという考え方となる。正しく、今見たばかりの『家栽の人』の桑田判事の言葉通りである。桑田判事は、最終的な処遇の決定を非行少女にゆだねる。「施設に入りますか？　それとも家に帰りますか？　自分で決めるんだ。」と。ここでは、子どもの主体性や興味・関心が重要視され、教育者は教育環境の整備に徹する「学習支援者」に他ならない。これを前の「積極的な教育」に対して「消極的な教育」（消極教育）と呼ぶことができる。ただし、ここでの「消極的」とは何もしないということではない。学習者の目に触れない時や場所等で様々な準備・配慮・教育環境の整備を行うという意味が込められている。

　この「消極的な教育」では、子どもの興味・関心を中心に進めるので子どもが進んで主体的・自主的に学習するという良い傾向がみられる。しかしながら、その子どもの興味・関心・主体性に沿うがゆえに学習の方向性が拡散するという短所を持つのである。つまり、教育者・学習指導者側のコントロールが効きにくくなるのである。そのため、教育者側の負担は大きい。

　このように、二つの大きく異なった考え方が「教育」を見る基本的な視点―実践展開の基礎であり、その両者の対立と論争が教育学の大きな歩みでもあるといえる。この視点は、現在日本の教育問題、例えば、「学力低下問題」や「学習指導要領」を考える上での基礎ともなる。

（2）モンテーニュとルソー
「積極的な教育」の具体的な考え方の例として、16世紀ルネサンス期のフ

ランスを代表する哲学者のミシェル・エケム・ド・モンテーニュ（Michel Eyquem de Montaigne［miʃɛl ekɛm dəmɔ̃ˈtɛɲ］、1533年-1592年）の言葉を示すことができる。（モンテーニュのプリント資料を学習者に提示。）

「(b)粘土は柔かく、しめっている。さあ、さあ、早く、早く、休みなく廻り続ける轆轤に入れて形を作れ。（ペルシウス、三の二三）」と述べている。ここでの「粘土」とは「子ども」のことを意味して教育者が自分の好みのように子どもを作り上げるという考え方である。このような考え方は、古く、ギリシャ時代まで遡ることができる。

　一方、このような従前の教育の考え方に対して毅然として反旗を翻す考え方・見方が登場してくる。それは1762年のこと、18世紀の半ばのことであった。ジャン＝ジャック・ルソー（Jean-Jacques Rousseau、1712年-1778年）は、その著書『エミール』の中でそれまでの教育に対する考え方・見方について次のように批判をする。（ルソー『エミール』のプリント資料を学習者に提示。）

「創造主の手から出る時には、すべてが善いものであるが、人間の手にかかるとそれらがみな例外なく悪いものになってゆく。人間は、もともとある土地の産物であるものをむりに別の土地で育ててみたり、ある樹にほかの樹の実をならせたりする。人間は、気候や風土や季節などの違いを無視し、軽んずる。人間は、自分の飼っている犬や馬や、奴隷の自然のままの良さをこわす。人間は、すべてのものについてその本来のあり方をひっくり返し、一切のものに手を加えて形を変える。人間は形の変わったもの、つまり化け物が好きなのだ。人間は、何ものであれ、それを自然がこしらえたままにはしておきたくないらしい。人間についてさえもそうだ。人間を、まるであの乗馬練習用の馬みたいに、自分の思い通りに調教しなくては気がすまない。庭木のように、自分の好みに合わせてねじまげなければ気に入らない。」（邦訳、2000年）と読み、次のような説明を加えた。

　これは、ルソー著書『エミール』の冒頭の文章で、教育学の文献の中でも最も有名な文章の一つである。冒頭の「創造主の手から出る時には、すべて

が善いものであるが、」という書き出しは、その思想があきらかに「性善説」に基づいていることを示している。そして、「彼はここでは、現実の社会に存在するさまざまの偏見や悪い慣習などのために感化され、その悪影響のもとに子どもたちを野放しにさらしておくことの危険を考えれば、少々いびつで技巧的になってもいいから、子どもたちをこの現実の社会から引きはなして、人為的に、計画的に教育することが必要だ、ということを言おうとしている。つまり、まず子どもたちを、社会の影響から隔離せよ、それから、望むらくは、自然的な教育で彼を理想的に育ててゆけ、といっている」という梅根悟の解釈に基づいてルソーの文章について説明を加えた。

そして続いて、次に、「自然の秩序においては、人間はすべて平等であってその共通の天職は人間という身分につくことである。この人間という天職のためによく教育された人であれば誰でも、何であれ人間にとって必要なことをやってうまくできないというはずはない。私の生徒が将来軍人になることになっていようと、僧侶あるいは弁護士になることになっていようと、そんなことは私にはちっとも問題ではない。自然は子どもが親の職業を学ぶことよりも、まずもって人間としての生活を学ぶことを要求している。生活すること、これこそ私が子どもに学んでほしいと思っている仕事である。私の手を離れる時、子どもはたしかに裁判官でも軍人でも僧侶でもないだろう。彼は何よりもまず人間であることだろう。しかし、いやしくも人間がつかねばならぬどんな職業にも、彼は必要に応じて、ほかの誰にもひとらぬように立派につくことができるだろう。」という文章を読ませて、ここでは、教育の「未来準備説」を否定するとともに、身分制に基づく「職業教育」よりも「普通教育」（一般・教養教育）を先行すべきであり、さらに実際的な「生活力」や「危険回避能力」等、すなわち、現代日本社会でいわれている、いわゆる「生きる力」と思われる主張をしているとも考えられるという説明を加えた。「汎用的基礎能力」の育成である。

さらに、第二編から、「自然は子どもがおとなになるまでは、子どもであ

るように望んでいる。もし私たちがこの順序を乱そうとすれば、成熟していない、味わいのない、そしてじきに腐ってしま早熟の果実ができるであろう。若い傅士や年とった子どもができるであろ。子ども時代には、それに特有の見方、考え方、感じ方がある。それを私たちおとなの見方、考え方、感じ方に変えようとすることほどばかなことはない。私は、十歳の子どもに判断力を要求するなら、むしろ五フィートの身長でも要求する方がましだと思う。実際、そんな年頃の子どもに理性がなんの役に立つというのか。理性は力の制動機である。しかるに、子どもにはこの制動機の必要がない。」という部分を読ませて、子どもは大人とは異なった独自の人格発達の可能性を秘めた独自の存在である。それに基づけば、自然の子どもの発達を無視するいわゆる「早期教育」等は否定されるべきであるという主張となる。そして、それは、「子どもの発見」といわれる新しい子ども観、いわゆる「児童中心主義」の提唱であった。そして、このルソーの「従前の教育」に対する批判と「消極教育」の主張によって「近代教育学」が出発した。

　また、そのルソーの「児童中心主義」の影響を受けたといわれるアメリカのジョン・デューイ（John Dewey、1859年-1952年）の『学校と社会』（邦訳、1899年）の「第2章　学校と子供の生活」の中の「今や、われわれの教育に到来しつつある変革は、重力の中心の移動である。それは、コペルニクスによって天体の中心が地球から太陽に移されたときと同様の変革であり、革命である。この事例では、子供が太陽になり、その周囲を教育の諸装置が開店する。子供が中心で、そのまわりに諸装置が組織されるのである。」という、いわゆる「教育のコペルニクス的転回」、すなわち、「系統主義」と「経験主義」の教育観の違いの説明を加えたのである。これまでの説明をまとめたものとして、次のような図を示した。

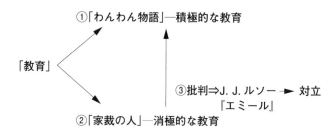

Ⅱ.「教える」と「学ぶ」との関係理論

①「わんわん物語」─積極的な教育

「教育」

③批判⇒J.J.ルソー ─► 対立
『エミール』

②「家裁の人」─消極的な教育

(3) 村井実の「ルソー観」と「E-M₁型」・「E-M₂型」

　これまで見てきた「教育実践」と関係して、ここで注目したい教育学の基礎理論の一つは、村井実が提唱している方法理論である。

　村井実は、教育を「子ども（あるいは人々）を善くしようとするあらゆる働きかけである。」と定義している。この定義にはあきらかに「価値の問題」が含まれているが、他の定義と比べてより積極的に誠実に教育のことを考える立場だと説明している。そして、その「善くする」といことは「わが子を善くしようと思わない親はいない。」という事実がその本質を示しているという。このような基本的な考えに基づき、次のような方法モデルを考えて提唱している。

　まず、「E-M₁型」と「E-M₂型」という二つの教育モデルについて説明を始めている（村井実、1976年）。

　「E-M₁型と E-M₂型

　そこで、方法についてのこの二つのイメージを、それぞれ E-M₁型および E-M₂型としてモデル化してみよう。E は目的（End）としての「善い人」のイメージの記号であり、M は手段（Means）のイメージの記号である。したがつて、E-M₁型というのは、目的（E）としての「善い人」のイメージの実現のために、「刻印」「染色」「錬成」「指導」「訓練」等の手段（M₁）を重視する方法のイメージのモデルである。これに対して E-M₂型というのは、

子どもの自発性を重んじて「自由」「自主」「自学」「放任」等の手段（M_{II}）を強調する方法のイメージのモデルである。」という二類型の方法モデルを示している。そして、さらに、このモデルについてルソーの事例で説明を加えている。すなわち、

「この方法モデルを、ルソーが『エミイル』（Émile, ou De L'éducation, 1762）を書いて歴史にエポックを画した事例に適用してみよう。

教育の歴史の上では、十八世紀の半ばころ、ヨーロッパにはっきりとした一つのエポックが生じたことが指摘されうる。それは、いわば「人間としての子どもの解放」ともいうべきものであった。そのエポックを代表したのがルソーの『エミイル』であったといってよい。ルソーはこの著作において、それまで子どもの教育を支配しつづけた「小さなおとな」のイメージから子どもを解放した。子どもは「小さなおとな」として見られることも、とり扱われることも許されない独立の人間であって、そのままで一個の人間としてとり扱われ、成長することを期待されなければならない——これが世を動かしたルソーの主張であった。

その主張の根拠として、ルソーが「創物主の手から出るときには、すべてが善い。だが、人間の手にかかることによって、すべてがだめになる」（『エミイル』第一篇）と言ったことはよく知られている。彼はまた、「人間は、すべてについて、その本来の姿をゆがめ、すべてに手を加えて変形させる。人間は変形されたもの、つまりお化けが好きなのだ」とも言っている。彼によれば、子どもを「善く」しようとした過去の教育は、ことごとくその意図に反した結果を作りだした、と見られているのである。

そこで、このルソーの主張は、私たちの方法モデルに即して見れば、どういう特徴をもつことになるのであろうか。それは、要するに、$E{-}M_I$ 型の教育から $E{-}M_{II}$ 型の教育への転換の提案であったということができる。

ルソーの見るところでは、それ以前の教育はもっぱら $E{-}M_I$ 型——おとなが描いた「善い人」のイメージを子どもに刻印する——であるが、それは、

子どもに即していえば、自然な成長ではなく、「お化け」につくられること
にすぎない。これがルソーの主張の第一の要点である。そこで、こうした方
法モデルの教育に代えてルソーが提案したのは、第二の方法モデル、つまり
E-M$_{II}$型による教育である。すなわち、子どもの自然は「善さ」を本性とし
ている、したがって、子ども自身の自発性を重んじ、自由な成長を遂げさせ
ることによつて、「善い人」——自然人——を実現しよう、というのである。

　ルソーのこの提案が、当時の人々に強い衝撃を与えたことはよく知られて
いる。カント、ペスタロッチー、バゼドー、ザルツマン、フレーベル、ヘル
バルト等が賛同して活動し、それ以来、教育の歴史はまったく新しい性格を
もつにいたった。すなわち、E-M$_{I}$型一辺倒に近かった過去の教育思想に代
わって、E-M$_{II}$型の方法モデルに立つ教育思想が形成され、その指令にした
がう教育活動のくふうが活発に行われることになったのである。」とルソー
の従前のE-M$_{I}$型の教育に対する批判を紹介しながらし、E-M$_{II}$型の教育モ
デルの登場過程について論じている。このE-M$_{II}$型の教育モデルの登場こそ
が「消極教育」、すなわち「近代教育学」の出発点である。

　しかしながら、村井実は、「だが、このE-M$_{II}$型の方法モデルに関しても
特に注意を要することがある。それは、このE-M$_{II}$型に立つ教育思想には、
すでにルソー自身のばあいに明らかなように、およそ教育思想の形成上最も
重要ともいうべき『善さ』の問題に関して、基本的な曖昧さがさけられない、
ということである。」と指摘して、このE-M$_{II}$型の教育にも問題性があると
いう。すなわち、「もしも『善さ』が子どもの生まれたままの本性にあると
して、したがって子どもの自然のままの成長を尊重することを主張するとす
れば、少なくとも論理的には、外からの教育という働きかけ自体が不要にな
るのが当然である。事実、ルソー自身も、『何もしないことによって最もよ
く人間を育てる』ことになるとも言っている。だが、もちろんこれはレトリ
ックにすぎない。ルソー自身、もともと教育を否定するつもりはないのであ
り、彼の『エミイル』もまた、明らかに、ある種の積極的な働きかけを受け

ているのである。この矛盾はいったいどこからくるのであろうか。ルソーは曖昧のままに、ただ『自然』の尊重を主張するだけである。」と、E-M$_{II}$型の教育モデルの主張はE-M$_{I}$型の教育モデルに対する「批判・抵抗」の域を出ていない状況で現代までに至っていると述べている。

　この「栽培」モデル（E-M$_{II}$型）の教育の問題点については、松丸修三も次のように述べてその限界を示している。「しかし、この『栽培』モデルの考え方には、考え方の上で不十分さ（甘さ）があった。それは、簡単に言えば、子どもを自らすくすく育つ力をもった植物みたいなものと見なして、だから、子どもを自然のままに育てて何の問題も起こらない、と考えてしまったということである。」と、村井実の考え方を基本的には踏襲して、E-M$_{II}$型の教育モデルが「教え込む」ということを完全に捨て去ってはいないという問題点を指摘している。

　このような問題点の指摘と吟味の後、村井実は、「E-M$_{III}$型」と呼ばれる第三の教育モデルを考えだし提唱している。この「E-M$_{III}$型」の教育モデルについては次のように説明している。

（4）村井実の「E-M$_{III}$型」の提唱

「このモデルにおいては、一方では子ども自身がいずれはE＝『善い人』（結果像）を自分で作りだすものとして期待されており、しかも同時に、人々（親や教師）がE＝『善い人』（過程像）のイメージをもって子どもに働きかけることが期待されているのである。つまり、このモデルにおいては、一方では子ども自身がいずれはE＝『善い人』（結果像）を自分で作りだすものとして期待されており、しかも同時に、人々（親や教師）がE＝『善い人』（過程像）のィメージをもって子どもに働きかけることが期待されているのである。

　この方法モデル（E-M$_{III}$型）が、E-M$_{I}$型とも、E-M$_{II}$型とも異なる独自の特徴をもつことは明らかである。E-M$_{I}$型においてはE（結果像）の押しつけがさけられなかったが、ここにはそれはない。また、E-M$_{II}$型には親や教師

による働きかけがありえなかったが、ここにはそれがある。そして、人々からのE（過程像）をもってする働きかけと、子ども自身のE（結果像）への自発性との間には、不断の緊張が保たれている。子どもは自発性のままにE（結果像）を実現するのではなく、かといって、外からの働きかけのままに、それに作られるづわけでもない。もっぱら、自分自身の自発性によって、しかも、E（過程像）のィメージによる外からの働きかけを手がかりとしつつ、自分自身のE（結果像）としての「善い人」を実見していくことになるのである。」とE-M_Ⅲ型の教育モデルの特徴を説明して、このE-M_Ⅲ型の教育モデルを「もっとも真正というべき教育思想」と結論付けている。そして、そのE-M_Ⅲ型の教育モデルは、E-M_Ⅰ型の教育モデルとE-M_Ⅱ型の教育モデルの統合（合体）化、或は融合して転換を図った教育モデルに他ならない。

　次に示した図14-2は、村井実が説明しているE-M_Ⅰ型の教育モデルとE-M_Ⅱ型の教育モデル、並びにE-M_Ⅲ型の教育モデルの関係についてまとめて対比して示した結果である（図14-2参照）。

　これまで検討してきた村井実がいうところのE-M_Ⅰ型の教育モデルとE-M_Ⅱ型の教育モデルに関係して、東洋は次のような見解を示している。東洋は、村井実のE-M_Ⅰ型の教育モデルを「教え込み」、E-M_Ⅱ型の教育モデルを「滲み込み」と呼んでいると考えられる。そして、「教え込み」と「滲み込み」のそれぞれの長所と短所の具体例を示している。例えば、「教え込みと滲み込みの、どちらのモデルもそれぞれに、長所と問題点とを持っている。教えなければならないことを効率的・組織的に教えようとすれば、教え込み型のとりたて指導にならざるをえない。滲み込みは、学習者が何を学雌雄するのかについてのコントロールが充分にきかない。教え込みは、組織的・論理的に構成することができるから、明確な目標を達成するのにはより効率的である。かつ、ただ形の上でできるようにするだけでなく、どうしてそうなるのかというしくみに入り込んで教えることができる。近代社会が要求する知識や技能を教えるのに、教え込みモデルが主になるのは当然である。

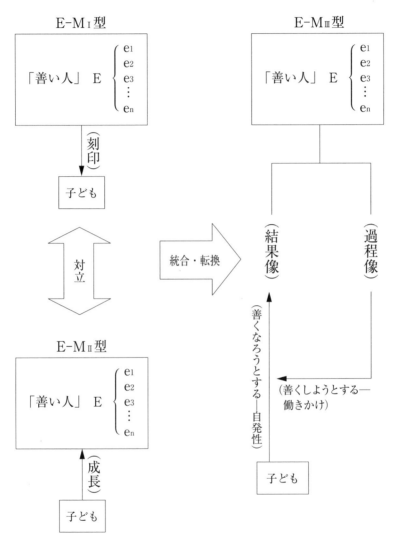

図14-2　E-M$_I$型とE-M$_{II}$型とE-M$_{III}$型の教育方法モデルの対比
（村井実．1976年『教育学入門（上）』講談社より作成）

しかし問題点としては、まさにその論理性や効率性が、思考や行動に対するコントロールを効かせすぎるということがある。教育は未知の未来に対して備えるという一面を持つから、たとい現在の最善のものの知識や技能の完成度や、学習者の習熟度によって程度は異なるにしても、いつでも「はみ出し」の可能性を残しておく必要がある。コントロールが効きすぎると、はみ出しがむずかしくなる。」というように、どちらの教育モデルもそれぞれに長所と短所とを持っているという認識を示して次のように続ける。

　「どの国、地域、文化をとっても、実際には両方のモデルが併用されている。またどこの国でも、ことばがまだわからない子どもの教育は滲み込み的になる。だが、ことばでのコミュニケーションができるようになると、独り立ちを前提に教え込むやり方がだんだん入り込んでくる。その意味では、ふたつのモデルは相補的である。

　しかし一方、ふたつのモデルの間には葛藤が起こる可能性も大きい。ただスタイルの違いというだけでなく、人間の発達ついて、人間関係について、また教えるべきことについての考え方の違いを内包していることがあるからである。この葛藤をどう解決するか、残念ながら私はまだはっきりした考えを打ち出せない。近代の教育思想の論議には、多かれ少なかれこの葛藤が絡んでいるので、非常に大きな問題であり、充分な時間とスペースを使って論じなければならないと思っている。」（東洋、1994年）として $E-M_I$ 型と $E-M_{II}$ 型という二つの教育モデルの相補性と内包する葛藤、そして、その大きな課題性並びにその課題の解決には困難が伴うという見解を示しているのである。ここでは、村井実の主張にみられるようなの具体的な第三の教育モデル名は示されていないが、「ふたつのモデルは相補的である。」という表現は、村井実の $E-M_{III}$ 型の教育モデルに近いものと考えられる。

3　教育学理論から「生涯学習支援」理論・実践への応用

　白石克己は、村井実の教育モデルを生涯学習のプログラム編成原理への応用を考えた。つまり、大人・成人の教育・学習計画の進め方への適応である。すなわち、「陶芸家モデルか、園芸家モデルか」のタイトルの論文で次のような説明をしている（白石克己、1992年）。

　「学習プログラムの編成には理論上、二つのモデルが考えられる。一つは陶芸家モデルであり、もう一つは園芸家モデルである。陶芸家モデルというのは、プログラム編成者はあたかも園芸家に、学習者は陶器の原料になる「粘土」に喩えられる。粘土はそのままでは型もなく美しい存在ではないから、陶芸家が完成された作品のイメージに従って柔らかい白土をこねていく。そのように、学習プログラム案は編成する側が用意する、いわば学習者の外にあると考える。これに対して園芸家モデルでは、学習者はあたかも「植物」のように、計画する側は園芸家に喩えられる。植物は種や根の状態からあらかじめ生長のプログラムが内蔵されているから、園芸家はよい環境のもとで適切な時期に適度な肥料・水をやればよい。ちょうどそのように学習プログラムの編成者は、ただ見守っていればよい、とするモデルである。学習プログラムはいわば学習者のなかに内蔵されているので、学習者の自主性に任せておけばよい、という原理になる。」と村井実のいうところのE-M$_I$型の教育モデルを「陶芸家モデル」、E-M$_{II}$型の教育モデルを「園芸家モデル」と名付けて生涯学習のプログラム編成方法についての考え方を説明しているのである。

　しかしながら、ここでも、「陶芸家モデル」と「園芸家モデル」ともに長所と短所を持ち合わせているとしている。例えば、陶芸―粘土モデルに従うと、このプログラムは、たしかに初めて学習機関を訪ねてくるような学習者には都合がよいが、学習プログラムを計画したり提供する人は責任をもってよいプログラムを準備しなければならない。しかも無限に学習プログラムを

開発・提供しなければならないことになる。これは原則的に不可能と考えられる。また、このモデルでは原則的に学習者は提供側のプログラムに管理されることになるので、市民の自由な学習への干渉という結果になることもありうる。これに対して、園芸―植物モデルは学習者の学習要求を最大限に尊重するので、自己教育や生涯学習の発想になじむ。しかしこのモデルでは、学習プログラムの編成は公民館や教育委員会主催としても学習者に任せきりになり、その結果、学習者の側からみれば、グループ・サークルが自主的に作成したプログラムは、学習要求を明確にもつていない人にはついていけないことになる。また、特定のグループの人たちが学習プログラムを管理することになり、他の学習者を排除し公共性に欠けるという結果にもなるというのである。そこで、ここでも第三のモデルの提案となる。それについては次のように述べている。

　「したがって、学習プログラムを計画するに当たっては陶芸―粘土モデル、園芸―植物モデルいずれにもかたよることはできない。すなわち、学習者を粘土モデルや植物モデルで説明することは粗すぎる。陶芸家モデルや園芸家モデルでは、結局、学習要求に応えることはできない。

　そこで第三のモデルとして人間モデルを提案しよう。このモデルでは学習者を自発性に欠ける粘土モデルでも公共性に欠ける植物モデルでもなく説明できるからである。このモデルを提案している村井実氏によれば、人間は基本的に『善さ』を求めている。私たちは、『善い食べ物』とか『善い暮らし』とか『善い教育』という言葉を使って、いつも『善い』ということを求めているからである。いい暮らしがしたいし、いい仲間がほしいし、いい音楽を聴きたい。もっと身体を動かしてみたいし、もっと分かりたいと願っている。だから、学びたいという意欲を持つている、解決したい課題をかかえている。人間モデルではまずこれらの事実を承認する。換言すれば、人間は粘土モデルのようにプログラムを提供しければ善く学べないわけではないし、植物モデルのように放任しておいて善く学べるわけでもない。ただ「善い」学習を

求めている。しかし、その意欲が放っておかれればその意欲を高めていくことが難しいし、学習課題は自分一人では解決できないものが多い。毎日の生活のなかで自然に継続的な学習意欲が高められたり、自然に課題解決の知恵が授かったりはしないからである。しかし、だからといって、学習意欲や学習課題に型をはめるべきでもない。

　学習プログラムとは、『善さ』を求めている学習者にとって善く生きるための『手がかり目標』なのである。」と、人間モデルよる生涯学習プログラム編成の提案を行っているのである。この「人間モデル」とは、正しく「E-M$_{III}$型」の教育モデルに他ならないのである。

4　教育学理論からの「生涯学習支援」理論形成と実践の展開

　ここで取り上げた例からもわかるように、先の各章で検討してきた生涯学習に関する諸理論、具体的には、ポール・ラングランの理論やマルカム・ノールズの成人教育論等には、今のところその証明は難しいが、教育学の基礎理論、例えばルソーやデューイの考え方が色濃く影響を与えているものと理解することができる。そのため、近代教育学の系譜を理解し、その潮流の中で「生涯学習理論」をとらえないとその理論の本質を見失う。逆に言えば、すべてとは言えないまでも、近代教育学の理論の理解なしでは、正確に「生涯学習支援（理論）」を語ることができないということなのである。このようなことは、最新の『生涯学習支援論』（2020年）のテキストの中でも語られていない。

　例えば、ノールズの成人学習理論の理解・解釈である。先に、すでに述べているが、アンドラゴジーの学習理論では、「アンドラゴジー・モデル」は「ペダゴジー・モデル」との対立でとらえるのでなく、「ペダゴジー・モデル」を含むいわば、「上位の包括的概念」の理論としてノールズは考えていることを指摘できる。アンドラゴジーの学習理論が、ペダゴジー・モデルを

含む「上位の包括的概念」の学習理論として考えられていたことは、これまでのこの理論の「一般的な理解と紹介と応用」とは異なるのである。そして、今のところ確証はないが、ノールズの場合、その背景としてルソーの「消極教育」やデューイの「系統主義と経験主義の対立」に関する考え方、「経験」の概念を含んで考えられているように思われるのである。

　今後、さらなる「生涯学習支援」の教育実践を展開・発展させるためには、「教育」の基礎理論を踏まえた上で、「生涯学習支援」の理論を理解した「生涯学習支援者」の増強と実践の展開が不可欠となるのである。

引用・参考文献

　海後宗臣・吉田昇・村井実編著『教育学全集　増補版1教育学の理論・補説』小学館、1975年。

　村井実著『教育学入門（上）』講談社、1976年。

　松丸修三・渡辺弘編著『「援助」としての教育を考える』川島書店、2006年。

　東洋著『日本人のしつけと教育　発達の日米比較にもとづいて』東京大学出版会、1994。

　岡本包治編著『生涯学習プログラムの開発（現代生涯学習全集　4）』ぎょうせい、1992年。

　恒吉僚子著『人人間形成の日米比較―かくれたカリキュラム』中央公論社、1992年。

　ジョン・デューイ著、河村望訳『学校と社会』人間の科学社、2000年。

　村井実編『原点による教育学の歩み』講談社、1974年。

　中原淳監修、脇本健弘・町支大祐著『教師の学びを科学する』北大路書房、2015年。

　佐藤晴雄著『教職概論　第4次改訂版』学陽書房、2015年。

　新堀道也・片岡徳雄編著『名著による教育原理』ぎょうせい、1975年。

　梅根悟著『ルソー「エミール」入門』明治図書、1971年。

　マルカム・ノールズ著、堀薫夫・三輪建二監訳『成人学習者とは何か』鳳書房、2013年。

　ジョン・デューイ著、市村尚久訳『経験と教育』講談社、2004年。

　清國祐二編著『生涯学習支援論』ぎょうせい、2020年。

　J. J. ルソー著、長尾十三二訳『エミール　1』明治図書、2000年。

関連資料

・教育基本法
・社会教育法
・生涯学習の振興のための施策の
　推進体制等の整備に関する法律

教育基本法

教育基本法（昭和二十二年法律第二十五号）の全部を改正する。

目次
前文
附則

　我々日本国民は、たゆまぬ努力によって築いてきた民主的で文化的な国家を更に発展させるとともに、世界の平和と人類の福祉の向上に貢献することを願うものである。

　我々は、この理想を実現するため、個人の尊厳を重んじ、真理と正義を希求し、公共の精神を尊び、豊かな人間性と創造性を備えた人間の育成を期するとともに、伝統を継承し、新しい文化の創造を目指す教育を推進する。

　ここに、我々は、日本国憲法の精神にのっとり、我が国の未来を切り拓く教育の基本を確立し、その振興を図るため、この法律を制定する。

　第一章　教育の目的及び理念

（教育の目的）
第一条　教育は、人格の完成を目指し、平和で民主的な国家及び社会の形成者として必要な資質を備えた心身ともに健康な国民の育成を期して行われなければならない。

（教育の目標）
第二条　教育は、その目的を実現するため、学問の自由を尊重しつつ、次に掲げる目標を達成するよう行われるものとする。　一　幅広い知識と教養を

身に付け、真理を求める態度を養い、豊かな情操と道徳心を培うとともに、健やかな身体を養うこと。

二　個人の価値を尊重して、その能力を伸ばし、創造性を培い、自主及び自律の精神を養うとともに、職業及び生活との関連を重視し、勤労を重んずる態度を養うこと。

三　正義と責任、男女の平等、自他の敬愛と協力を重んずるとともに、公共の精神に基づき、主体的に社会の形成に参画し、その発展に寄与する態度を養うこと。

四　生命を尊び、自然を大切にし、環境の保全に寄与する態度を養うこと。

五　伝統と文化を尊重し、それらをはぐくんできた我が国と郷土を愛するとともに、他国を尊重し、国際社会の平和と発展に寄与する態度を養うこと。

（生涯学習の理念）
第三条　国民一人一人が、自己の人格を磨き、豊かな人生を送ることができるよう、その生涯にわたって、あらゆる機会に、あらゆる場所において学習することができ、その成果を適切に生かすことのできる社会の実現が図られなければならない。

（教育の機会均等）
第四条　すべて国民は、ひとしく、その能力に応じた教育を受ける機会を与えられなければならず、人種、信条、性別、社会的身分、経済的地位又は門地によって、教育上差別されない。

2　国及び地方公共団体は、障害のある者が、その障害の状態に応じ、十分な教育を受けられるよう、教育上必要な支援を講じなければならない。

3　国及び地方公共団体は、能力があるにもかかわらず、経済的理由によって修学が困難な者に対して、奨学の措置を講じなければならない。

　第二章　教育の実施に関する基本

（義務教育）
第五条　国民は、その保護する子に、別に法律で定めるところにより、普通

教育を受けさせる義務を負う。

2　義務教育として行われる普通教育は、各個人の有する能力を伸ばしつつ社会において自立的に生きる基礎を培い、また、国家及び社会の形成者として必要とされる基本的な資質を養うことを目的として行われるものとする。

3　国及び地方公共団体は、義務教育の機会を保障し、その水準を確保するため、適切な役割分担及び相互の協力の下、その実施に責任を負う。

4　国又は地方公共団体の設置する学校における義務教育については、授業料を徴収しない。

（学校教育）

第六条　法律に定める学校は、公の性質を有するものであって、国、地方公共団体及び法律に定める法人のみが、これを設置することができる。

2　前項の学校においては、教育の目標が達成されるよう、教育を受ける者の心身の発達に応じて、体系的な教育が組織的に行われなければならない。この場合において、教育を受ける者が、学校生活を営む上で必要な規律を重んずるとともに、自ら進んで学習に取り組む意欲を高めることを重視して行われなければならない。（大学）

第七条　大学は、学術の中心として、高い教養と専門的能力を培うとともに、深く真理を探究して新たな知見を創造し、これらの成果を広く社会に提供することにより、社会の発展に寄与するものとする。

2　大学については、自主性、自律性その他の大学における教育及び研究の特性が尊重されなければならない。

（私立学校）

第八条　私立学校の有する公の性質及び学校教育において果たす重要な役割にかんがみ、国及び地方公共団体は、その自主性を尊重しつつ、助成その他の適当な方法によって私立学校教育の振興に努めなければならない。

（教員）

第九条　法律に定める学校の教員は、自己の崇高な使命を深く自覚し、絶え

ず研究と修養に励み、その職責の遂行に努めなければならない。

2　前項の教員については、その使命と職責の重要性にかんがみ、その身分は尊重され、待遇の適正が期せられるとともに、養成と研修の充実が図られなければならない。

（家庭教育）

第十条　父母その他の保護者は、子の教育について第一義的責任を有するものであって、生活のために必要な習慣を身に付けさせるとともに、自立心を育成し、心身の調和のとれた発達を図るよう努めるものとする。

2　国及び地方公共団体は、家庭教育の自主性を尊重しつつ、保護者に対する学習の機会及び情報の提供その他の家庭教育を支援するために必要な施策を講ずるよう努めなければならない。

（幼児期の教育）

第十一条　幼児期の教育は、生涯にわたる人格形成の基礎を培う重要なものであることにかんがみ、国及び地方公共団体は、幼児の健やかな成長に資する良好な環境の整備その他適当な方法によって、その振興に努めなければならない。

（社会教育）

第十二条　個人の要望や社会の要請にこたえ、社会において行われる教育は、国及び地方公共団体によって奨励されなければならない。

2　国及び地方公共団体は、図書館、博物館、公民館その他の社会教育施設の設置、学校の施設の利用、学習の機会及び情報の提供その他の適当な方法によって社会教育の振興に努めなければならない。

（学校、家庭及び地域住民等の相互の連携協力）

第十三条　学校、家庭及び地域住民その他の関係者は、教育におけるそれぞれの役割と責任を自覚するとともに、相互の連携及び協力に努めるものとする。

（政治教育）

第十四条　良識ある公民として必要な政治的教養は、教育上尊重されなければならない。

2　法律に定める学校は、特定の政党を支持し、又はこれに反対するための政治教育その他政治的活動をしてはならない。

（宗教教育）

第十五条　宗教に関する寛容の態度、宗教に関する一般的な教養及び宗教の社会生活における地位は、教育上尊重されなければならない。

2　国及び地方公共団体が設置する学校は、特定の宗教のための宗教教育その他宗教的活動をしてはならない。

第三章　教育行政

（教育行政）

第十六条　教育は、不当な支配に服することなく、この法律及び他の法律の定めるところにより行われるべきものであり、教育行政は、国と地方公共団体との適切な役割分担及び相互の協力の下、公正かつ適正に行われなければならない。

2　国は、全国的な教育の機会均等と教育水準の維持向上を図るため、教育に関する施策を総合的に策定し、実施しなければならない。

3　地方公共団体は、その地域における教育の振興を図るため、その実情に応じた教育に関する施策を策定し、実施しなければならない。

4　国及び地方公共団体は、教育が円滑かつ継続的に実施されるよう、必要な財政上の措置を講じなければならない。

（教育振興基本計画）

第十七条　政府は、教育の振興に関する施策の総合的かつ計画的な推進を図るため、教育の振興に関する施策についての基本的な方針及び講ずべき施策その他必要な事項について、基本的な計画を定め、これを国会に報告するとともに、公表しなければならない。

2　地方公共団体は、前項の計画を参酌し、その地域の実情に応じ、当該地方公共団体における教育の振興のための施策に関する基本的な計画を定めるよう努めなければならない。

　第四章　法令の制定

第十八条　この法律に規定する諸条項を実施するため、必要な法令が制定されなければならない。

　附則

（施行期日）
１．この法律は、公布の日から施行する。

（社会教育法等の一部改正）
２．次に掲げる法律の規定中「教育基本法（昭和二十二年法律第二十五号)」を「教育基本法（平成十八年法律第号)」に改める。　一　社会教育法（昭和二十四年法律第二百七号）第一条
二　産業教育振興法（昭和二十六年法律第二百二十八号）第一条
三　理科教育振興法（昭和二十八年法律第百八十六号）第一条
四　高等学校の定時制教育及び通信教育振興法（昭和二十八年法律第二百三十八号）第一条
五　義務教育諸学校における教育の政治的中立の確保に関する臨時措置法（昭和二十九年法律第百五十七号）第一条
六　国立大学法人法（平成十五年法律第百十二号）第三十七条第一項
七　独立行政法人国立高等専門学校機構法（平成十五年法律第百十三号）第十六条

（放送大学学園法及び構造改革特別区域法の一部改正）
３．次に掲げる法律の規定中「教育基本法（昭和二十二年法律第二十五号）第九条第二項」を「教育基本法（平成十八年法律第号）第十五条第二項」に改める。

一　放送大学学園法（平成十四年法律第百五十六号）第十八条

二　構造改革特別区域法（平成十四年法律第百八十九号）第二十条第十七項

（出典 教育基本法： 文部科学省www.mext.go.jp/b_menu/kihon/.../mext_
00003.html）

社会教育法

法律第二百七号（昭二四・六・一〇）

目次

第一章　総則

（この法律の目的）

第一条　この法律は、教育基本法（昭和二十二年法律第二十五号）の精神に則り、社会教育に関する国及び地方公共団体の任務を明らかにすることを目的とする。

（社会教育の定義）

第二条　この法律で「社会教育」とは、学校教育法（昭和二十二年法律第二十六号）に基き、学校の教育課程として行われる教育活動を除き、主として青少年及び成人に対して行われる組織的な教育活動（体育及びレクリエーションの活動を含む。）をいう。

（国及び地方公共団体の任務）

第三条　国及び地方公共団体は、この法律及び他の法令の定めるところにより、社会教育の奨励に必要な施設の設置及び運営、集会の開催、資料の作製、頒布その他の方法により、すべての国民があらゆる機会、あらゆる場所を利用して、自ら実際生活に即する文化的教養を高め得るような環境を醸成する

ように努めなければならない。

（国の地方公共団体に対する援助）
第四条　前条の任務を達成するために、国は、この法律及び他の法令の定めるところにより、地方公共団体に対し、予算の範囲内において、財政的援助並びに物資の提供及びそのあつ旋を行う。

（市町村の教育委員会の事務）
第五条　市（特別区を含む。以下同じ。）町村の教育委員会は、社会教育に関し、当該地方の必要に応じ、予算の範囲内において、左の事務を行う。
一　社会教育に必要な援助を行うこと。
二　社会教育委員の委嘱に関すること。
三　公民館の設置及び管理に関すること。
四　所管に属する図書館、博物館その他社会教育に関する施設の設置及び管理に関すること。
五　所管に属する学校の行う社会教育のための講座の開設及びその奨励に関すること。
六　講座の開設及び討論会、講習会、講演会、展示会その他の集会の開催並びにこれらの奨励に関すること。
七　職業教育及び産業に関する科学技術指導のための集会の開催及びその奨励に関すること。
八　生活の科学化の指導のための集会の開催及びその奨励に関すること。
九　運動会、競技会その他体育指導のための集会の開催及びその奨励に関すること。
十　音楽、演劇、美術その他芸術の発表会等の開催及びその奨励に関すること。
十一　一般公衆に対する社会教育資料の刊行配布に関すること。
十二　視覚聴覚教育、体育及びレクリエーションに必要な設備、器材及び資料の提供に関すること。
十三　情報の交換及び調査研究に関すること。

十四　その他第三条の任務を達成するために必要な事務

（都道府県の教育委員会の事務）
第六条　都道府県の教育委員会は、社会教育に関し、当該地方の必要に応じ、予算の範囲内において、前条各号の事務（第三号の事務を除く。）を行う外、左の事務を行う。
一　法人の設置する公民館の設置及び廃止の届出に関すること。
二　社会教育を行う者の研修に必要な施設の設置及び運営、講習会の開催、資料の配布等に関すること。
三　社会教育に関する施設の設置及び運営に必要な物資の提供及びそのあつ旋に関すること。
四　市町村の教育委員会との連絡に関すること。
五　その他法令によりその職務権限に属する事項

（教育委員会と地方公共団体の長との関係）
第七条　地方公共団体の長は、その所掌事項に関する必要なこう報宣伝で視覚聴覚教育の手段を利用しその他教育の施設及び手段によることを適当とするものにつき、教育委員会に対し、その実施を依頼し、又は実施の協力を求めることができる。
2　前項の規定は、他の行政庁がその所掌に関する必要なこう報宣伝につき、教育委員会に対し、その実施を依頼し、又は実施の協力を求める場合に準用する。
第八条　教育委員会は、社会教育に関する事務を行うために必要があるときは、当該地方公共団体の長及び関係行政庁に対し、必要な資料の提供その他の協力を求めることができる。

（図書館及び博物館）
第九条　図書館及び博物館は、社会教育のための機関とする。
2　図書館及び博物館に関し必要な事項は、別に法律をもつて定める。

第二章　社会教育関係団体

（社会教育関係団体の定義）

第十条　この法律で「社会教育関係団体」とは、法人であると否とを問わず、公の支配に属しない団体で社会教育に関する事業を行うことを主たる目的とするものをいう。

（文部大臣及び教育委員会との関係）

第十一条　文部大臣及び教育委員会は、社会教育関係団体の求めに応じ、これに対し、専門的技術的指導又は助言を与えることができる。

2　文部大臣及び教育委員会は、社会教育関係団体の求めに応じ、これに対し、社会教育に関する事業に必要な物資の確保につき援助を行う。

（国及び地方公共団体との関係）

第十二条　国及び地方公共団体は、社会教育関係団体に対し、いかなる方法によつても、不当に統制的支配を及ぼし、又はその事業に干渉を加えてはならない。

第十三条　国及び地方公共団体は、社会教育関係団体に対し、補助金を与えてはならない。

（報告）

第十四条　文部大臣及び教育委員会は、社会教育関係団体に対し、指導資料の作製及び調査研究のために必要な報告を求めることができる。

第三章　社会教育委員

（社会教育委員の構成）

第十五条　都道府県及び市町村に社会教育委員を置くことができる。

2　社会教育委員は、左の各号に掲げる者のうちから、教育委員会が委嘱する。

一　当該都道府県又は当該市町村の区域内に設置された各学校の長

二　当該都道府県又は当該市町村の区域内に事務所を有する各社会教育関係団体において選挙その他の方法により推薦された当該団体の代表者

三　学識経験者

3　前項に規定する委員の委嘱は、同項各号に掲げる者につき教育長が作成して提出する候補者名簿により行うものとする。

4　教育委員会は、前項の規定により提出された候補者名簿が不適当であると認めるときは、教育長に対し、その再提出を命ずることができる。

（社会教育委員と公民館運営審議会委員との関係）

第十六条　公民館を設置する市町村にあつては、社会教育委員は、第二十九条に規定する公民館運営審議会の委員をもつて充てることができる。

（社会教育委員の職務）

第十七条　社会教育委員は、社会教育に関し教育長を経て教育委員会に助言するため、左の職務を行う。

一　社会教育に関する諸計画を立案すること。

二　定時又は臨時に会議を開き、教育委員会の諮問に応じ、これに対して、意見を述べること。

三　前二号の職務を行うために必要な研究調査を行うこと。

2　社会教育委員は、教育委員会の会議に出席して社会教育に関し意見を述べることができる。

（社会教育委員の定数等）

第十八条　社会教育委員の定数、任期その他必要な事項は、条例で定める。

2　都道府県又は市町村が前項の条例を制定するには、教育委員会法（昭和二十三年法律第百七十号）第六十一条から第六十三条までの例による。

（社会教育委員の実費弁償）

第十九条　地方公共団体は、社会教育委員に対し、報酬及び給料を支給しない。

2　地方公共団体は、社会教育委員がその職務を行うために要する費用を弁償しなければならない。

3　前項の費用については、教育委員会法第三十一条第三項の規定を準用する。

第四章　公民館

（目的）

第二十条　公民館は、市町村その他一定区域内の住民のために、実際生活に即する教育、学術及び文化に関する各種の事業を行い、もつて住民の教養の向上、健康の増進、情操の純化を図り、生活文化の振興、社会福祉の増進に寄与することを目的とする。

（公民館の設置者）

第二十一条　公民館は、市町村が設置する。

2　前項の場合を除く外、公民館は、公民館設置の目的をもつて民法第三十四条の規定により設立する法人（この章中以下「法人」という。）でなければ設置することができない。

（公民館の事業）

第二十二条　公民館は、第二十条の目的達成のために、おおむね、左の事業を行う。但し、この法律及び他の法令によつて禁じられたものは、この限りでない。

一　定期講座を開設すること。

二　討論会、講習会、講演会、実習会、展示会等を開催すること。

三　図書、記録、模型、資料等を備え、その利用を図ること。

四　体育、レクリエーション等に関する集会を開催すること。

五　各種の団体、機関等の連絡を図ること。

六　その施設を住民の集会その他の公共的利用に供すること。

（公民館の運営方針）

第二十三条　公民館は、次の行為を行つてはならない。
一　もつぱら営利を目的として事業を行い、特定の営利事務に公民館の名称を利用させその他営利事業を援助すること。
二　特定の政党の利害に関する事業を行い、又は公私の選挙に関し、特定の候補者を支持すること。
2　市町村の設置する公民館は、特定の宗教を支持し、又は特定の教派、宗派若しくは教団を支援してはならない。

（公民館の設置）
第二十四条　市町村が公民館を設置しようとするときは、条例で、公民館の設置及び管理に関する事項を定めなければならない。
2　前項の条例については、第十八条第二項の規定を準用する。
第二十五条　市町村が公民館を設置、又は廃止したときは、その旨を都道府県の教育委員会に報告しなければならない。
2　前項の報告に必要な事項は、都道府県の教育委員会規則で定める。
第二十六条　法人の設置する公民館の設置及び廃止並びに設置者の変更は、あらかじめ、都道府県の教育委員会に届け出なければならない。
2　前項の届出に必要な事項は、都道府県の教育委員会規則で定める。

（公民館の職員）
第二十七条　公民館に館長を置き、その他必要な職員を置くことができる。
2　館長は、公民館の行う各種の事業の企画実施その他必要な事務を行い、所属職員を監督する。
第二十八条　市町村の設置する公民館の館長その他必要な職員は、教育長の推薦により、当該市町村の教育委員会が任命する。
2　前項の規定による館長の任命に関しては、市町村の教育委員会は、あらかじめ、第二十九条に規定する公民館運営審議会の意見を聞かなければならない。

（公民館運営審議会）

第二十九条　公民館に公民館運営審議会を置く。

2　公民館運営審議会は、館長の諮問に応じ、公民館における各種の事業の企画実施につき調査審議するものとする。

第三十条　市町村の設置する公民館にあつては、公民館運営審議会の委員は、左の各号に掲げる者のうちから、市町村の教育委員会が委嘱する。

一　当該市町村の区域内に設置された各学校の長

二　当該市町村の区域内に事務所を有する教育、学術、文化、産業、労働、社会事業等に関する団体又は機関で、第二十条の目的達成に協力するものを代表する者

三　学識経験者

2　前項第二号に掲げる委員の委嘱は、それぞれの団体又は機関において選挙その他の方法により推薦された者について行うものとする。

3　第一項第三号に掲げる委員には、市町村の長若しくはその補助機関たる職員又は市町村議会の議員を委嘱することができる。

4　第一項の公民館運営審議会の委員の定数、任期その他必要な事項は、市町村の条例で定める。

5　前項の条例については、第十八条第二項の規定を準用する。

第三十一条　法人の設置する公民館にあつては、公民館運営審議会の委員は、その役員をもつて充てるものとする。

第三十二条　第十九条の規定は、市町村の設置する公民館の公民館運営審議会の委員に準用する。

（特別基本財産）

第三十三条　公民館を設置する市町村にあつては、公民館の維持運営のために、特別の基本財産又は積立金を設けることができる。

（特別会計）

第三十四条　公民館を設置する市町村にあつては、公民館の維持運営のために、特別会計を設けることができる。

2　前項の規定による特別会計の設置に関する議案については、第十八条第

二項の規定を準用する。

（公民館の補助その他の援助）

第三十五条　国庫は、公民館を設置する市町村に対し、予算の定めるところに従い、その運営に要する経費の補助その他必要な援助を行う。

第三十六条　前条の規定により国庫が補助する場合の補助金の交付は、公民館を設置する市町村の左の各号の経費の前年度における精算額を基準として行うものとする。

一　公民館の職員に要する経費

二　公民館における基本的事業に要する経費

三　公民館に備え付ける図書その他の教養設備に要する経費

2　前項各号の経費の範囲その他補助金の交付に関し必要な事項は、政令で定める。

第三十七条　都道府県が地方自治法（昭和二十二年法律第六十七号）第二百三十一条の規定により、公民館の運営に要する経費を補助する場合において、文部大臣は、政令の定めるところにより、その補助金の額、補助の比率、補助の方法その他必要な事項につき報告を求めることができる。

第三十八条　国庫の補助を受けた市町村は、左に掲げる場合においては、その受けた補助金を国庫に返還しなければならない。

一　公民館がこの法律若しくはこの法律に基く命令又はこれらに基いてした処分に違反したとき。

二　公民館がその事業の全部若しくは一部を廃止し、又は第二十条に掲げる目的以外の用途に利用されるようになつたとき。

三　補助金交付の条件に違反したとき。

四　虚偽の方法で補助金の交付を受けたとき。

（公民館の指導）

第三十九条　文部大臣及び都道府県の教育委員会は、公民館の運営その他に関し、その求めに応じて、必要な指導及び助言を与えることができる。

（公民館の事業又は行為の停止）

第四十条　公民館が第二十三条の規定に違反する行為を行つたときは、都道府県の教育委員会は、その事業又は行為の停止を命ずることができる。

（罰則）

第四十一条　前条の規定による公民館の事業又は行為の停止命令に違反した者は、一年以下の懲役若しくは禁こ又は三万円以下の罰金に処する。

（公民館類似施設）

第四十二条　公民館に類似する施設は、何人もこれを設置することができる。

2　前項の施設の運営その他に関しては、第三十九条の規定を準用する。

第五章　学校施設の利用

（適用範囲）

第四十三条　社会教育のためにする国立又は公立の学校（この章中以下「学校」という。）の施設の利用に関しては、この章の定めるところによる。

（学校施設の利用）

第四十四条　学校の管理機関は、学校数育上支障がないと認める限り、その管理する学校の施設を社会教育のために利用に供するように努めなければならない。

2　前項において「学校の管理機関」とは、国立学校にあつては文部大臣、公立の大学にあつては設置者である地方公共団体の長、大学以外の公立学校にあつては設置者である地方公共団体に設置されている教育委員会をいう。

（学校施設利用の許可）

第四十五条　社会教育のために学校の施設を利用しようとする者は、当該学校の管理機関の許可を受けなければならない。

2　前項の規定により、学校の管理機関が学校施設の利用を許可しようとするときは、あらかじめ、学校の長の意見を聞かなければならない。

第四十六条　国又は地方公共団体が社会教育のために、学校の施設を利用しようとするときは、前条の規定にかかわらず、当該学校の管理機関と協議するものとする。

第四十七条　第四十五条の規定による学校施設の利用が一時的である場合には、学校の管理機関は、同条第一項の許可に関する権限を学校の長に委任することができる。

2　前項の権限の委任その他学校施設の利用に関し必要な事項は、学校の管理機関が定める。

（社会教育の講座）

第四十八条　学校の管理機関は、それぞれの管理に属する学校に対し、その教育組織及び学校の施設の状況に応じ、文化講座、専門講座、夏期講座、社会学級講座等学校施設の利用による社会教育のための講座の開設を求めることができる。

2　文化講座は、成人の一般的教養に関し、専門講座は、成人の専門的学術知識に関し、夏期講座は、夏期休暇中、成人の一般的教養又は専門的学術知識に関し、それぞれ大学又は高等学校において開設する。

3　社会学級講座は、成人の一般的教養に関し、小学校又は中学校において開設する。

4　第一項の規定する講座を担当する講師の報酬その他必要な経費は、予算の範囲内において、国又は地方公共団体が負担する。

第六章　通信教育

（適用範囲）

第四十九条　学校教育法第四十五条、第七十条及び第七十六条の規定により行うものを除き、通信による教育に関しては、この章の定めるところによる。

（通信教育の定義）

第五十条　この法律において「通信教育」とは、通信の方法により一定の教育計画の下に、教材、補助教材等を受講者に送付し、これに基き、質問解答、

添削指導、質疑応答等を行う教育をいう。

2　通信教育を行う者は、その計画実現のために、必要な指導者を置かなければならない。

（通信教育の認定）

第五十一条　文部大臣は、学校又は民法第三十四条の規定による法人の行う通信教育で社会教育上奨励すべきものについて、通信教育の認定（以下「認定」という。）を与えることができる。

2　認定を受けようとする者は、文部大臣の定めるところにより、文部大臣に申請しなければならない。

3　文部大臣が、第一項の規定により、認定を与えようとするときは、あらかじめ、通信教育審議会に諮問しなければならない。

（認定手数料）

第五十二条　文部大臣は、認定を申請する者から手数料を徴収することができる。但し、国立又は公立の学校が行う通信教育に関しては、この限りでない。

2　前項の手数料の額は、一課程につき、一千円以上三千円以下の範囲において、文部大臣が定める。

（通信教育審議会）

第五十三条　文部省に通信教育審議会を置く。

2　通信教育審議会は、文部大臣の諮問に応じ、通信教育に関し、必要な事項を調査審議する。

3　通信教育審議会は、前項の事項について、文部大臣に建議することができる。

4　通信教育審議会の委員は、学識経験者のうちから、文部大臣が委嘱する。

5　通信教育審議会の組織その他必要な事項については、政令で定める。

（郵便料金の特別取扱）

第五十四条　認定を受けた通信教育に要する郵便料金については、郵便法（昭和二十二年法律第百六十五号）の定めるところにより、特別の取扱を受けるものとする。

（通信教育の廃止）
第五十五条　認定を受けた通信教育を廃止しようとするとき、又はその条件を変更しようとするときは、文部大臣の定めるところにより、その許可を受けなければならない。
2　前項の許可に関しては、第五十一条第三項の規定を準用する。

（報告及び措置）
第五十六条　文部大臣は、認定を受けた者に対し、必要な報告を求め、又は必要な措置を命ずることができる。

（認定の取消）
第五十七条　認定を受けた者がこの法律若しくはこの法律に基く命令又はこれらに基いてした処分に違反したときは、文部大臣は、認定を取り消すことができる。
2　前項の認定の取消に関しては、第五十一条第三項の規定を準用する。

　附　　則

1　この法律は、公布の日から施行する。
2　この法律施行の際現に教育委員会の置かれていない市町村にあつては、教育委員会が設置せられるまでの間、この法律中「市町村の教育委員会」又は「教育委員会」とあるのは、「市町村長」と読み替え、第十七条第二項の規定は、適用しないものとする。
3　地方自治法の一部を次のように改正する。
第二条第三項第五号中「図書館、」の下に「公民館、」を加える。
4　図書館に関する法律が施行されるまでの間、図書館に関しては、第九条第二項の規定にかかわらず、なお従前の例による。

5 この法律施行前通信教育認定規程（昭和二十二年文部省令第二十二号）により認定を受けた通信教育は、

第五十一条第一項の規定により、認定を受けたものとみなす。

（出典：衆議院第005回国会 制定法律一覧

www.shugiin.go.jp/internet/itdb...nsf/.../00519490610207.htm）

生涯学習の振興のための施策の推進体制等の整備に関する法律

法律第七十一号（平二・六・二九）

（目的）

第一条　この法律は、国民が生涯にわたって学習する機会があまねく求められている状況にかんがみ、生涯学習の振興に資するための都道府県の事業に関しその推進体制の整備その他の必要な事項を定め、及び特定の地区において生涯学習に係る機会の総合的な提供を促進するための措置について定めるとともに、生涯学習に係る重要事項等を調査審議する審議会を設置する等の措置を講ずることにより、生涯学習の振興のための施策の推進体制及び地域における生涯学習に係る機会の整備を図り、もって生涯学習の振興に寄与することを目的とする。

（施策における配慮等）

第二条　国及び地方公共団体は、この法律に規定する生涯学習の振興のための施策を実施するに当たっては、学習に関する国民の自発的意思を尊重するよう配慮するとともに、職業能力の開発及び向上、社会福祉等に関し生涯学習に資するための別に講じられる施策と相まって、効果的にこれを行うよう努めるものとする。

（生涯学習の振興に資するための都道府県の事業）

第三条　都道府県の教育委員会は、生涯学習の振興に資するため、おおむね次の各号に掲げる事業について、これらを相互に連携させつつ推進するために必要な体制の整備を図りつつ、これらを一体的かつ効果的に実施するよう努めるものとする。

　一　学校教育及び社会教育に係る学習（体育に係るものを含む。以下この項において「学習」という。）並びに文化活動の機会に関する情報を収集し、整理し、及び提供すること。

　二　住民の学習に対する需要及び学習の成果の評価に関し、調査研究を行うこと。

　三　地域の実情に即した学習の方法の開発を行うこと。

　四　住民の学習に関する指導者及び助言者に対する研修を行うこと。

　五　地域における学校教育、社会教育及び文化に関する機関及び団体に対し、これらの機関及び団体相互の連携に関し、照会及び相談に応じ、並びに助言その他の援助を行うこと。

　六　前各号に掲げるもののほか、社会教育のための講座の開設その他の住民の学習の機会の提供に関し必要な事業を行うこと。

2　都道府県の教育委員会は、前項に規定する事業を行うに当たっては、社会教育関係団体その他の地域において生涯学習に資する事業を行う機関及び団体との連携に努めるものとする。

　（都道府県の事業の推進体制の整備に関する基準）

第四条　文部大臣は、生涯学習の振興に資するため、都道府県の教育委員会が行う前条第一項に規定する体制の整備に関し望ましい基準を定めるものとする。

2　文部大臣は、前項の基準を定めようとするときは、あらかじめ、生涯学習審議会の意見を聴かなければならない。これを変更しようとするときも、同様とする。

　（地域生涯学習振興基本構想）

第五条　都道府県は、当該都道府県内の特定の地区において、当該地区及びその周辺の相当程度広範囲の地域における住民の生涯学習の振興に資するため、社会教育に係る学習（体育に係るものを含む。）及び文化活動その他の生涯学習に資する諸活動の多様な機会の総合的な提供を民間事業者の能力を活用しつつ行うことに関する基本的な構想（以下「基本構想」という。）を作成し、文部大臣及び通商産業大臣の承認を申請することができる。

2　基本構想においては、次に掲げる事項について定めるものとする。

　一　前項に規定する多様な機会（以下「生涯学習に係る機会」という。）

の総合的な提供の方針に関する事項

　二　前項に規定する地区の区域に関する事項

　三　総合的な提供を行うべき生涯学習に係る機会（民間事業者により提供されるものを含む。）の種類及び内容に関する基本的な事項

　四　前号に規定する民間事業者に対する資金の融通の円滑化その他の前項に規定する地区において行われる生涯学習に係る機会の総合的な提供に必要な業務であって政令で定めるものを行う者及び当該業務の運営に関する事項

　五　その他生涯学習に係る機会の総合的な提供に関する重要事項

3　都道府県は、基本構想を作成しようとするときは、あらかじめ、関係市町村に協議しなければならない。

4　文部大臣及び通商産業大臣は、第一項の承認の申請に係る基本構想が次の各号に該当するものであると認めるときは、その承認をするものとする。

　一　当該基本構想に係る地区が、生涯学習に係る機会の提供の程度が著しく高い地域であって政令で定めるもの以外の地域のうち、交通条件及び社会的自然的条件からみて生涯学習に係る機会の総合的な提供を行うことが相当と認められる地区であること。

　二　当該基本構想に係る生涯学習に係る機会の総合的な提供が当該基本構想に係る地区及びその周辺の相当程度広範囲の地域における住民の生涯学習に係る機会に対する要請に適切にこたえるものであること。

　三　その他文部大臣及び通商産業大臣が承認に当たっての基準として次条の規定により定める事項（以下「承認基準」という。）に適合するものであること。

5　文部大臣及び通商産業大臣は、基本構想につき前項の承認をするに当たっては、あらかじめ、関係行政機関の長に協議するとともに、文部大臣にあっては生涯学習審議会の意見を、通商産業大臣にあっては政令で定める審議会の意見をそれぞれ聴かなければならない。

6　都道府県は、基本構想が第四項の規定による承認を受けたときは、遅滞なく、これを公表しなければならない。

　（承認基準）

第六条　承認基準においては、次に掲げる事項を定めるものとする。

　一　生涯学習に係る機会の総合的な提供に関する基本的な事項

　二　前条第一項に規定する地区の設定に関する基本的な事項

　三　総合的な提供を行うべき生涯学習に係る機会（民間事業者により提供されるものを含む。）の種類及び内容に関する基本的な事項

　四　生涯学習に係る機会の総合的な提供に必要な事業に関する基本的な事項

　五　生涯学習に係る機会の総合的な提供に際し配慮すべき重要事項

2　文部大臣及び通商産業大臣は、承認基準を定めるに当たっては、あらかじめ、自治大臣その他関係行政機関の長に協議するとともに、文部大臣にあっては生涯学習審議会の意見を、通商産業大臣にあっては前条第五項の政令で定める審議会の意見をそれぞれ聴かなければならない。

3　文部大臣及び通商産業大臣は、承認基準を定めたときは、遅滞なく、これを公表しなければならない。

4　前二項の規定は、承認基準の変更について準用する。

　（基本構想の変更）

第七条　都道府県は、第五条第四項の規定による承認を受けた基本構想の変更（文部省令、通商産業省令で定める軽微な変更を除く。）をしようとするときは、文部大臣及び通商産業大臣の承認を受けなければならない。

2　第五条第三項から第六項までの規定は、前項の場合について準用する。

　（基本構想の実施等）

第八条　都道府県は、関係民間事業者の能力を活用しつつ、生涯学習に係る機会の総合的な提供を第五条第四項の規定による承認を受けた基本構想（前条第一項の規定による変更の承認があったときは、その変更後のもの。以下「承認基本構想」という。）に基づいて計画的に行うよう努めなければならない。

2　文部大臣は、承認基本構想の円滑な実施の促進のため必要があると認めるときは、社会教育関係団体及び文化に関する団体に対し必要な協力を求め

るものとし、かつ、関係地方公共団体及び関係事業者等の要請に応じ、その所管に属する博物館資料の貸出しを行うよう努めるものとする。

3　通商産業大臣は、承認基本構想の円滑な実施の促進のため必要があると認めるときは、商工会議所及び商工会に対し、これらの団体及びその会員による生涯学習に係る機会の提供その他の必要な協力を求めるものとする。

4　前二項に定めるもののほか、文部大臣及び通商産業大臣は、承認基本構想の作成及び円滑な実施の促進のため、関係地方公共団体に対し必要な助言、指導その他の援助を行うよう努めなければならない。

5　前三項に定めるもののほか、文部大臣、通商産業大臣、関係行政機関の長、関係地方公共団体及び関係事業者は、承認基本構想の円滑な実施が促進されるよう、相互に連携を図りながら協力しなければならない。

（負担金についての損金算入の特例）

第九条　第五条第二項第四号に規定する者（その者が民法（明治二十九年法律第八十九号）第三十四条の規定により設立された法人である場合に限る。）が行う同号に規定する義務であって承認基本構想に係るものに係る基金に充てるための負担金を支出した場合には、租税特別措置法（昭和三十二年法律第二十六号）で定めるところにより、損金算入の特例の適用があるものとする。

（生涯学習審議会）

第十条　文部省に、生涯学習審議会（以下「審議会」という。）を置く。

2　審議会は、この法律及び社会教育法（昭和二十四年法律第二百七号）の規定によりその権限に属させられた事項を調査審議するほか、文部大臣の諮問に応じ、次に掲げる事項を調査審議する。

一　学校教育、社会教育及び文化の振興に関し、生涯学習に資するための施策に関する重要事項

二　社会教育一般に関する事項及び学校教育における視聴覚教育メディアの利用に関する事項

3　審議会は、前項第一号に掲げる事項に関し必要と認める事項を文部大臣

又は関係行政機関の長に建議し、及び同項第二号に掲げる事項に関し必要と認める事項を文部大臣に建議することができる。

4　審議会の委員は、人格識見共に優れた者のうちから、文部大臣が内閣の承認を経て任命する二十七人以内の委員で組織する。

5　審議会は、その所掌事務（社会教育法の規定によりその権限に属させられた事項に係るもの及び第二項第二号に掲げる事項に係るものを除く。）を行うため必要があると認めるときは、関係行政機関の長に対し、資料の提出、意見の開陳、説明その他必要な協力を求めることができる。

6　前各項に定めるもののほか、審議会の組織及び運営に関し必要な事項は、政令で定める。

　（都道府県生涯学習審議会）

第十一条　都道府県に、都道府県生涯学習審議会（以下「都道府県審議会」という。）を置くことができる。

2　都道府県審議会は、都道府県の教育委員会又は知事の諮問に応じ、当該都道府県の処理する事務に関し、生涯学習に資するための施策の総合的な推進に関する重要事項を調査審議する。

3　都道府県審議会は、前項に規定する事項に関し必要と認める事項を当該都道府県の教育委員会又は知事に建議することができる。

4　前三項に定めるもののほか、都道府県審議会の組織及び運営に関し必要な事項は、条例で定める。

　（市町村の連携協力体制）

第十二条　市町村（特別区を含む。）は、生涯学習の振興に資するため、関係機関及び関係団体等との連携協力体制の整備に努めるものとする。

　　附　　則

　（施行期日）

1　この法律は、平成二年七月一日から施行する。

（社会教育法の一部改正）

2　社会教育法の一部を次のように改正する。

第十三条の見出し中「審議会等」を「生涯学習審議会等」に改め、同条中「政令で定める審議会」を「生涯学習審議会」に改める。

第五十一条第三項中「第十三条の政令で定める審議会」を「生涯学習審議会」に改める。

（文部省設置法の一部改正）

3　文部省設置法（昭和二十四年法律第百四十六号）の一部を次のように改正する。

第五条中第百一号を第百二号とし、第百号の次に次の一号を加える。

百一　生涯学習の振興のための施策の推進体制等の整備に関する法律（平成二年法律第七十一号）の施行に関すること。

（通商産業省設置法の一部改正）

4　通商産業省設置法（昭和二十七年法律第二百七十五号）の一部を次のように改正する。

第四条第三十八号の次に次の一号を加える。

三十八の二　生涯学習の振興のための施策の推進体制等の整備に関する法律（平成二年法律第七十一号）の施行に関する事務で所掌に属するものを処理すること。

（出典：衆議院　第118国会　制定法律一覧
www.shugiin.go.jp/internet/itdb...nsf/.../11819900629071.htm）

索　引

著者紹介

望月厚志（モチヅキ　アツシ）
茨城大学名誉教授
1953年生まれ
立教大学大学院文学研究科教育学専攻博士課程後期課程単位取得満期退学
著書等：『社会教育と学校』（学文社、2003年、共著）、『社会教育計画の基礎』（学文社、2004年、共著）、『生涯学習と学習社会の創造』（学文社、2013年、共著）

小川哲哉（オガワ　テツヤ）
茨城大学教授
1958年生まれ
広島大学大学院教育学研究科博士課程後期修了（博士（教育学））
著書等：『現代社会からみる生涯学習の論点』（ぎょうせい、2003年、共著）、『フリットナー民衆教育思想の研究－ドイツ青年運動から民衆教育運動へ－』（青簡舎、2008年）、『新教科「道徳」の理論と実践』（玉川大学出版部、2017、共著）、『主体的・対話的な〈学び〉の理論と実践－「自律」と「自立」を目指す教育－』（青簡舎、2018年）

佐藤環（サトウ　タマキ）
茨城大学教授
1960年生まれ
広島大学大学院教育学研究科博士課程後期単位取得満期退学
著書等：『日本の教育史』（あいり出版、2013年、編著）、『茨城県女学校のあゆみ』（茨城新聞社、2015年）、『学校の教育学』（青簡舎、2020年）

佐々木尚毅（ササキ　ナオキ）
群馬県立女子大学教授
1956年生まれ
立教大学大学院文学研究科教育学専攻　博士課程後期課程単位取得満期退学
著書等：『総力戦体制と教育－皇国民「錬成」の理念と実践－』（寺

崎昌男・戦時下教育研究会編、東京大学出版会、1987年、共著）、『近代日本における知の統合と国民統合』（寺崎昌男・編集委員会共編、第一法規、1993年、共著）、『東京都教育史通史編4』（東京都立教育研究所編集、東京都立教育研究所、1997年、共著）

角田伸彦（カクダ ノブヒコ）
愛知工業大学講師
1958年生まれ
立教大学大学院文学研究科教育学専攻博士課程前期課程修了
著書等：「大学における『学生のための自己啓発セミナー』の授業実践」（『茨城大学大学教育センター編　大学教育センター紀要第2号』2012年）、「工業系大学生のキャリア開発支援に向けた授業方法」（『愛知工業大学研究報告第50号』2015年）

渡辺典子（ワタナベ ノリコ）
日本女子大学講師
1968年生まれ
日本女子大学大学院文学研究科教育学専攻博士課程後期満期退学
著書等：「埼玉県児玉郡丹荘村における丹荘自由大学－下中弥三郎「農民自由大学」の構想と実践－」（教育史学会『日本の教育史学』第39集、1996年）、「明治期の日本女子大学校卒業生による「大学拡張」運動」（全国地方教育史学会『地方教育史研究』第39号、2018年）、『これからの生活指導と進路指導』武蔵野美術大学出版局2020年、共著）

生涯学習支援の基礎理論と実践の展開

2020年10月20日初版第 1 刷発行

著　者　　望月厚志・小川哲哉・佐藤環・佐々木尚毅・
　　　　　角田伸彦・渡辺典子

発行者　　大貫祥子

発行所　　株式会社 青 簡 舎
　　　　　〒101-0051　東京都千代田区神田神保町 2-14
　　　　　電話　03-5213-4881
　　　　　http://www.seikansha.co.jp

印刷・製本　株式会社 太平印刷社

ⒸA. Mochiduki, T. Ogawa, T. Sato, N. Sasaki, N. Kakuda, N. Watanabe
ISBN978-4-909181-27-5 C3037 Printed in Japan 2020